Sebastian Eßer

Betriebssysteme und Programmierung mobiler End

I0013985

Bibliografische Information der Deutschen Nationalbibliothek:

Bibliografische Information der Deutschen Nationalbibliothek: Die Deutsche
Bibliothek verzeichnet diese Publikation in der Deutschen Nationalbibliografie;
detaillierte bibliografische Daten sind im Internet über http://dnb.d-nb.de/ abrufbar.

Copyright © 2005 Diplom.de
Druck und Bindung: Books on Demand GmbH, Norderstedt Germany
ISBN: 9783838691695

https://www.diplom.de/document/224296

Sebastian Eßer

Betriebssysteme und Programmierung mobiler Endgeräte

Diplom.de

Sebastian Eßer

Betriebssysteme und Programmierung von mobilen Endgeräten

Bachelorarbeit
Fachhochschule Köln, Abt. Gummersbach
Fakultät für Informatik und Ingenieurwissenschaften
Abgabe August 2005

Diplom.de

Diplomica GmbH
Hermannstal 119k
22119 Hamburg

Fon: 040 / 655 99 20
Fax: 040 / 655 99 222

agentur@diplom.de
www.diplom.de

ID 9169

ID 9169
Eßer, Sebastian: Betriebssysteme und Programmierung von mobilen Endgeräten
Hamburg: Diplomica GmbH, 2005
Zugl.: Fachhochschule Köln, Abt. Gummersbach, Bachelorarbeit, 2005

Diplomica GmbH
http://www.diplom.de, Hamburg 2005
Printed in Germany

Inhaltsverzeichnis

Abbildungsverzeichnis

Tabellenverzeichnis

Listings

Abkürzungsverzeichnis

API	Application Programming Interface
BS	Betriebssystem
CDC	Connected Device Configuration
CLDC	Connected Limited Device Configuration
CVM	Compact Virtual Machine
DES	Data Encryption Standard
GPL	General Public License
GUI	Graphical User Interface
IMP	Information Module Profile
IrDA	Infrared Data Association
ITRON	Industrial TRON
J2ME	Java 2 Micro Edition
JAD	Java Application Descriptor
JAM	Java Application Manager
JCP	Java Community Process
JSR	Java Specification Request
JVM	Java Virtual Machine
KVM	Kilobyte Virtual Machine
LCDUI	Lowes Common Denominator User Interface
MIDP	Mobile Information Device Profile
MMS	Multimedia Messaging Service
MMU	Memory Mangement Unit
OAL	OEM Adaptation Layer
OEM	Original Equipment Manufactor
OS	Operating System
PCB	Printed Circuit Board
PDA	Personal Digital Assistant
PIM	Personal Information Management
RAM	Random Access Memory
RMS	Record Management System
ROM	Read Only Memory
SDK	Software Development Kit
SMS	Short Messaging System
Soc	System-on-chip
TRON	The Real-time Operating system Nucleus
USB	Universal Serial Bus
VM	Virtual Machine
WTK	Wireless Toolkit

Vorwort

Die Idee zu dieser Arbeit ist nach dem Kauf eines neuen Mobiltelefons entstanden. Dieses Telefon war mit einer Kamera und Java
ausgestattet. Aus Neugierde probierte ich alle Funktionen aus und
programmierte mir ein kleines MIDlet. Die Idee, ein kleines Programm zu schreiben, was die Fahrzeiten der KVB enthält und je-
derzeit abrufbar macht, faszinierte mich.

Danksagung

Für die Unterstützung bei der Arbeit danke ich Professor Dr. Victor
und Professor Dr. Ehses. Ich danke meiner Tante Ingrid Klein,
meiner Mutter Dominique Ariste und meinem Vater Rainer Eßer
für die Unterstützung beim Schreiben dieser Arbeit. Vielen Dank
auch an Beate und Kurt Warmbier für die Gastfreundschaft im
schönen Bergischen Land.

Köln, im August 2005

Sebastian Eßer

1 Einleitung

Das Mobiltelefon ist aus dem heutigen Alltag nicht mehr wegzu-
denken, alleine der Weltmarktführer Nokia hat 2004 207,7 Millio-
nen[1] Geräte verkauft.

War das Mobiltelefon am Anfang seiner Einführung meist den Be-
hörden, wie der Polizei oder der Feuerwehr vorbehalten, besitzt
heute fast jeder ein solches Gerät.

Die ersten Modelle waren nicht nur sehr unhandlich und teuer,
sondern auch vom Funktionsumfang her nicht mit den heutigen
Modellen vergleichbar.

Im Laufe der Zeit wurden in das Mobiltelefon immer mehr Funktionen integriert wie Kalender oder Wecker. Eine der beliebtesten
Funktionen von Handys sind kleine Spiele. Eines der ersten Geräte mit einer solchen Funktion war das Nokia 5110[2] mit dem Spiel
Snake.

Die Anforderungen an ein Mobiltelefon sind mit der Zeit gewach-
sen. Der Funktionsumfang eines solchen Gerätes nähert sich immer mehr dem PDA bzw. dem Personal Computer. Seit dem Jahr
2001 sind die ersten Mobiltelefone im Umlauf, auf denen es möglich ist eigene Java-Anwendungen zu installieren. Die Java 2 Micro Edition[3] ist eine Java-Version speziell für mobile Endgeräte. Die
Einführung von Java auf mobilen Geräten hat eine Vielzahl von
Anwendungen hervorgebracht. Die bekanntesten Java-
Programme sind kleine Spiele, die z.B. von Jamba[4] angeboten
werden. Außer Spielen gibt es andere Anwendungen wie Webbrowser[5], Emailclients[6] oder die Kontoführung vom Mobiltelefon[7]
aus.

Seit 2002 werden immer mehr Telefone mit einer kleinen Fotoka-
mera ausgestattet. Eines der ersten Geräte dieser Gattung war
das Nokia 7650[8]. Dieses Handy war eines der ersten mit dem Betriebssystem Symbian OS.

Moderne Telefone haben eine integrierte Kamera, einen Kalender,
können beliebige Anwendungen aufladen und in einigen Fällen
auch TV Programme empfangen. Ein solcher Funktionsumfang

---

[1] Heise.de, Nokia verdiente trotz Handy-Rekordverkaufs 2004 weniger
[2] Nokia Deutschland, Modellübersicht Nokia 5110
[3] Java.sun.com, Java 2 Platform, Micro Edition (J2ME); JSR 68 Overview
[4] Jamba, Handy Spiele
[5] Reqwireless.com, Download Webviewer
[6] Objectweb.org, Mail4ME
[7] Sparkasse KölnBonn, Handy Banking
[8] Nokia Deutschland, Modellübersicht Nokia 7650

setzt hohe Ansprüche an die Hard- und Software eines modernen Gerätes.

Wie bei einem Personal Computer gibt es für Mobiltelefone verschiedene Betriebssysteme[9]. Eines der derzeit auf dem Markt am verbreitesten[10] Systeme ist Symbian OS. Bei der Entwicklung von Symbian OS sind die führenden Mobiltelefon-Hersteller beteiligt, unter anderem Nokia und Sony Erricson. Microsoft spielt auch auf diesem Markt eine Rolle und bietet für Smartphones ein mobiles Windows an. Andere Hersteller, wie z.B. Motorola[11] setzen auf Linux für mobile Geräte.

Um den Funktionsumfang der Geräte bereitzustellen, sind umfangreiche Programmiersprachen nötig. Zur Zeit sind die beiden wichtigsten Sprachen im mobilen Bereich Java und C++. Java zeichnet sich durch sein breites Einsatzspektrum aus, viele mobile Geräte unterstützen die Java-Plattform. Im Gegensatz zu Java wird C++ nur von Smartphones unterstützt, bietet aber einen größeren Funktionsumfang und die Möglichkeit der systemnahen Programmierung.

In dieser Arbeit wird ein Überblick über die zur Zeit gängigen Betriebssysteme und Programmierungsarten moderner Mobiltelefone gegeben. Die Java 2 Micro Edition und das Betriebssystem Symbian OS stehen hierbei im Vordergrund.

---

[9] Motorola GmbH, Hintergrund: Handy-Betriebssysteme
[10] Smartsam.de, Vorsprung ausgebaut
[11] Montavista, Motorola Phones run MontaVista Linux

1.1 Aufbau der Arbeit

Im zweiten Kapitel werden die Begriffe Smartphone und mobile Betriebssysteme definiert. Dieses Kapitel ist als Einführung gedacht, um den Einstieg in die Materie zu erleichtern.

Im dritten Kapitel geht es um die beiden Betriebssysteme Windows Mobile und Linux Mobile. Die Betriebssysteme sind speziell für mobile Geräte entwickelt bzw. adaptiert worden.

Im vierten Kapitel wird das Betriebssystem Symbian OS vorgestellt. Seine Entstehung wird aufgezeigt und ein technischer Einblick vermittelt.

Im fünften Kapitel ist die Programmierung von mobilen Endgeräten zentrales Thema. Hier geht es um verschiedene Programmiersprachen, die für mobile Geräte verfügbar sind.

Im sechsten Kapitel wird die Java 2 Micro Edition ausführlicher behandelt. Die Ursprünge und die Entwicklung der Sprache werden hier aufgezeigt. Die Funktionsweise der Java-Anwendungen und die Programmierung der Geräte werden behandelt.

Im siebten Kapitel wird auf die Virengefahr auf Mobiltelefonen eingegangen und ein Anti-Viren-Programm vorgestellt.

Im achten Kapitel wird ein Fazit gezogen und ein Ausblick auf die zukünftige Entwicklung bei den mobilen Endgeräte geworfen.

1.2 Abgrenzung der Arbeit

Diese Arbeit soll einen Überblick über das Themengebiet Programmierung und Betriebssysteme von mobilen Endgeräten vermitteln. Die Arbeit beschäftigt sich mit Mobiltelefonen und Smartphones. PDA oder andere mobile Geräte werden nicht ausführlicher behandelt. Allerdings treten bei einigen Themengebieten Überschneidungen auf.

Diese Arbeit ist weniger als technische Referenz für einzelne Themengebiete zu sehen. Der Überblick über die verschiedenen Möglichkeiten steht hier im Vordergrund.

2 Begriffsdefinitionen und Einführung

In diesem Kapitel werden die Begriffe, die in der Arbeit benutzt werden, genauer bestimmt.

2.1 Betriebssysteme und ihre Anforderungen

Jeder, der einen Computer bedient, hat auch automatisch mit dem Betriebssystem zu tun. Das bekannteste Betriebssystem ist Windows von Microsoft. Dieses hat weltweit den höchsten Marktanteil bei Personal Computern.

Das auf der Welt am häufigsten[12] eingesetzte Betriebssystem ist allerdings ITRON. Dieses System ist auf ca. 3 Milliarden Embedded-Geräten installiert. Zu diesen Geräten gehören vor allem Unterhaltungs- und Haushaltsgeräte. Im Gegensatz zum Personal Computer ist das Betriebssystem bei diesen Geräten nicht immer als solches erkennbar.

Eine Auswahl an Aufgaben, die ein Betriebssystem zu bewältigen hat:

- Ein- und Ausgaben managen
- Geräte verwalten
- Steuern der Prozesse
- Betriebsmittel zuteilen
- Systemspeicher einteilen

Genaue Definitionen des Begriffs Betriebssystem:

Taschenbuch der Informatik[13]
„...Ein Betriebssystem (operating system) stellt das Bindeglied zwischen der Hardware eines Computers einerseits und dem Anwender bzw. seinen Programmen andererseits dar. Es umfasst Programme, die zusammen mit den Eigenschaften des Computers „die Grundlage der möglichen Betriebsarten dieses Systems bilden und insbesondere die Abwicklung von Programmen steuern und überwachen.“..."

Duden Informatik[14]
„Betriebssystem (seltener Systemsoftware genannt: engl. operating system): zusammenfassende Bezeichnung für alle Programme, die Ausführung, das Zusammenwirken und den Schutz der

---

[12] http://de.wikipedia.org/wiki/ITRON
[13] Schneider, U. und Werner, D., Taschenbuch der Informatik, 2001
[14] Claus V. und Schwill A., Duden Informatik, 2001

Benutzerprogramme, die Verteilung der Betriebsmittel auf die einzelnen Benutzerprogramme und die Aufrechterhaltung der Betriebsart steuern und überwachen...."

Das Betriebssystem ist die zentrale Schaltstelle eines modernen digitalen Gerätes. Ohne diese Software ist ein modernes digitales Gerät nicht in der Lage seine Aufgaben zu bewältigen.

Die Anforderungen an ein mobiles Betriebssystem gleichen in Teilen denen eines stationären Systems, wie z.b. Windows.

Grundlegende Unterschiede stellen allerdings die begrenzten Hardware-Ressourcen dar, die sich bei einem Mobiltelefon ergeben. Der Speicher eines Mobiltelefons ist aus Kostengründen meist recht knapp bemessen. Die zum Betrieb nötige Software sollte also so wenig Speicher wie nötig beanspruchen.

Zu beachten ist auch die möglichst effiziente Nutzung des Speichers zur Laufzeit. So sollten benötigte Programme ein Minimum an Speicher für sich beanspruchen.

Bedingt durch einen möglichst niedrigen Stromverbrauch sind die Prozessoren in ihrer Leistungsfähigkeit beschränkt. Software, die für ein solches Gerät entworfen ist, muss dies berücksichtigen und darf den Prozessor so wenig wie möglich belasten.

Der Stromverbrauch spielt eine zentrale Rolle. Ein Mobiltelefon wird von einem Akku gespeist und hat nur gelegentlich eine Verbindung zum Stromnetz. Das Betriebssystem muss also dafür Sorge tragen, dass mit der Ressource Strom möglichst effektiv umgegangen wird. Eine Möglichkeit für einen geringen Stromverbrauch ist ein gutes Power Management. Dies kann bei Bedarf einzelne Komponenten deaktivieren.

In Gegensatz zu einem Personal Computer, bei dem Abstürze in Kauf genommen werden, darf dies bei einem Mobiltelefon nicht der Fall sein. Sollten sich dennoch Fehler einschleichen, ist dies mit erheblichen Kosten verbunden. Im Unterschied zum Home Computer, muss die Software in einem solchen Fall vom Hersteller neu aufgespielt werden.

Anwender eines Mobiltelefons legen besondern Wert auf eine schnelle Reaktion ihres Gerätes. Hier müssen die Aktionen in Realtime ausgeführt werden. Können beim Personal Computer Arbeitsschritte langsamer ausgeführt werden, sollte beim Telefon niemand lange auf das Starten des Systems oder das Erscheinen der SMS Eingabe warten. Eine besondere Anforderung an die Software stellt hier die begrenze Leistungsfähigkeit der verwendeten Prozessoren. Hier ist besonders Haushalten mit den Ressourcen von Nöten.

2.2 Mobile Endgeräte und ihre Anforderungen

Unter einem mobilen Endgerät versteht man Mobiltelefone, PDAs, Notebooks und Onboard Systeme von Flugzeugen und Automobilen. Ein mobiles System zeichnet sich dadurch aus, dass es keine externe Stromquelle benötigt. So ist es möglich, das System an verschiedenen Orten unabhängig vom Stromnetz zu betreiben.

Eine große Anzahl von mobilen Geräten sind sogenannte Embedded Systeme, die wie ihr Name andeutet, eingebettet sind. Zu diesen Geräten gehören z.b. mobile Navigationssysteme. Durch die Mobilität entstehen an diese Geräte spezielle Anforderungen. Ein mobiles Gerät sollte gegen Schmutz geschützt sein, starke Temperaturschwankungen aushalten und erschütterungs-unempfindlich sein.

Mobile Systeme haben in der Regel keine dauerhafte Verbindung zum Stromnetz. Die meisten Systeme werden durch einen Akkumulator mit Strom versorgt. Sollte dieser leer sein, darf dies nicht zu einem Verlust der Daten führen.

2.3 Begriff: Smartphone

Definition des Begriffs Smartphone aus dem Handlexikon der Informatik[15]:

„Smartphone sind mit Intelligenz ausgestattete mobile Telefone, die eine Synthese aus einem intelligenten persönlichem Informationssystem und einem Handy bilden. Bei dem intelligenten Informationssystem handelt es sich um einen Personal Digital Assistant (PDA) mit persönlichem Informationsmanagement (PIM). Dazu gehört typischerweise der Kalender, die Adressdatenbank, die Aufgabenverwaltung und eine einfache Textverarbeitung. Darüber hinaus verfügt ein Smartphone über Mobilfunkeigenschaften, mit denen Handyfunktionen ausgeführt werden können. In der Regel handelt es sich um Mobilfunkmodule für GSM, HSCSD, GPRS, oder UMTS...“

Alles in allem zeichnet sich das Smartphone durch eine Vielzahl von Funktionen aus. Durch die Funktionsvielfalt wird bei manchen Geräten ein Touchscreen mit einem Stift als Eingabemedium verwendet.

---

[15] Lipinski, K. 2004. Handlexikon der Informationstechnologie, Seite 653

Eines der ersten Smartphones in Europa, war das Nokia 7650.
Dieses Telefon besaß eine integrierte Kamera und das Betriebssystem Symbian OS.

Abbildung 1 Nokia 7650 Smartphone[16]

[16] http://www.chip.de/artikel/c1_artikelunterseite_12858868.html?tid1=&tid2=
(28.2.2005)

3 Betriebssysteme für mobile Geräte

Jedes Mobiltelefon braucht ein Betriebssystem um die Funktionalität bereitstellen zu können. Wie bei Personal Computern auch, steht dem Anwender eine Auswahl an Systemen zur Verfügung. Nicht nur Windows und Linux, sondern auch Symbian OS und diverse eigene Entwicklungen der Hersteller sind in modernen Geräten zu finden.

3.1 Windows für mobile Geräte

Microsoft als Weltmarktführer für PC Betriebssysteme bekannt, bietet seit 1996[17] sein Betriebssystem Windows CE auf dem Markt an. Diese spezielle CE-Version von Windows wurde entwickelt, um auf mobilen Geräten, Terminals, Embedded-Systemen und Spiele-Konsolen zum Einsatz zu kommen. Selbst ein Betrieb in Automobilen, als Automotive PC sollte mit Windows CE ermöglicht werden. Um diese Vielfalt der verschiedenen Einsatzbereiche zu ermöglichen, wurden die Bestandteile von Windows CE modular aufgebaut.

3.1.1 Windows CE-Versionen

Der eigentliche Kern des mobilen Windows wird unter dem Namen Windows CE geführt. Wurde das kompakte Windows in den ersten Jahren unter diesem Namen vertrieben, wechselte Microsoft die Bezeichnungen später mehrmals. Windows-Versionen, wie z.B. Pocket PC oder Windows Mobile 2003, basieren auf Windows CE. Die verschiedenen Namensgebungen erschweren den Überblick, daher hier eine Auflistung in chronologischer Reihenfolge[18]:

- Microsoft Windows CE 1.0
- Microsoft Windows CE 1.1
- Microsoft Windows CE 2.0
- Microsoft Windows CE 2.01
- Microsoft Windows CE 2.02
- Microsoft Windows CE 2.1
- Microsoft Windows CE 2.11
- Microsoft Windows CE 2.12
- Microsoft Pocket PC (basiert auf Windows CE 3.0)

---

[17] Hansmann U. Pervasive Computing Handbook, Seite 129
[18] Vgl. http://de.wikipedia.org/wiki/Pocket_PC (30.5.2005)

- Microsoft Pocket PC 2002 (auch als Phone Edition mit Telefonfunktion, basiert ebenfalls auf Windows CE 3.0)
- Microsoft Windows Mobile 2003 für Pocket PC (auch als Phone Edition mit Telefonfunktionen, basiert auf Windows CE .NET (Windows CE 4.2))
- Microsoft Windows Mobile 2003 Second Edition (Windows CE 4.21)
- Microsoft Windows Mobile 5.0 (basiert auf Windows CE 5.0)

Durch den modularen Aufbau von Windows CE lässt es sich für den eigenen Einsatzzweck selbst zusammenstellen. Der eigentliche Kern bleibt dabei der Gleiche, es werden lediglich die einzelnen Module, die benötigt werden hinzugefügt. Jeder Hardware-Hersteller kann sein passendes Windows selbst zusammenstellen. Als Prozessoren unterstützt werden AMD, ARM, Hitachi, Intel, Motorola, NEC, Philips, und Toshiba[19]. Zu beachten ist die Inkompatibilität zwischen den verschiedenen Geräte-Typen. Windows Programme, die für einen Personal Computer geschrieben wurden, laufen nicht auf einem Gerät mit Windows CE. Erst mit der Einführung des .NET Frameworks wird dies möglich.

3.1.2 Windows CE Platform Builder

Um den Herstellern eine einfache Entwicklung zu ermöglichen, stellt Microsoft den Windows CE Platform Builder zur Verfügung. Diese Software enthält alle Module und Komponenten, die in Windows enthalten sein können. Um eine optimale Anpassung an die Hardware möglich zu machen, können dann die benötigten Teile integriert werden.

Nach der Auswahl der benötigten Betriebssystemteile, wird ein auf die Hardware speziell angepasster SDK erstellt. Dieser beinhaltet alle benötigten Elemente, die ein Programmierer anwenden kann. Dieser auf die Hardware zugeschnittene SDK kann dann in die Entwicklungsumgebungen von Microsoft eingefügt werden. Dies ermöglicht eine einfache Applikations-Entwicklung ohne zusätzliche Programme. Einen detaillierten Einblick in die Entwicklungsschritte einer Plattform für Windows CE zeigt die Abbildung.

---

[19] Hansmann U. Pervasive Computing Handbook, Seite 138

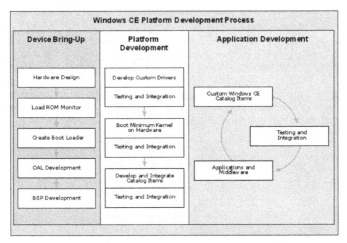

Abbildung 2 Windows CE Entwicklungsprozess[20]

Um die Anwendungen auch testen zu können, besitzt das SDK einen Emulator. Dieser Emulator ist in der Lage, die Programme auf einem normalen Windows PC laufen zu lassen.

3.1.3 Architektur von Windows CE

Windows CE ist in verschiedene Schichten unterteilt, wie die nachfolgende Abbildung verdeutlicht. Die unterste Schicht ist die Hardware, die das mobile Gerät darstellt. Die zweite Schicht ist der OEM Layer. Dieser beinhaltet alle vom Geräte-Hersteller angepassten Elemente, um Windows CE auf seiner Hardware laufen zu lassen. Gerätetreiber für das jeweilige Device und ein entsprechend angepasster Bootloader gehören dazu. Außerdem wird ein OEM Adaptation Layer (OAL) benötigt, der zwischen dem Kernel von Windows und dem OEM Layer bzw. der Hardware vermittelt.

Die nächste Schicht ist der Operating System Layer. Dieser beinhaltet die eigentlichen Betriebssystem-Funktionen. Hier findet sich der Kernel, die grafische Benutzeroberfläche und weitere essenzielle Funktionen, die zum Betriebssystem gehören. Der Kernel spielt eine wichtige Rolle im Betriebssystem. Er ist unter anderem für die folgenden Aufgaben zuständig:

- Memory Management
- Scheduling
- Real-Time Module

---

[20] http://msdn.microsoft.com/library/en-us/wceintro5/html/
wce50oriAboutPlatformBuilder.asp?frame=true (15.7.2005)

- Loader
- System Calls
- Kernel Power Management
- Prozess- und Threadmanagement

Die Programme, sowohl von Windows CE als auch von anderen Anbietern stellen den Application Layer dar. Dieser beinhaltet auch das User Interface und die Internet Client Services.

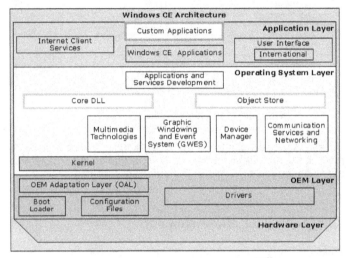

Abbildung 3 Architektur von Windows CE[21]

Der Vorteil dieser Architektur in Schichten ist die Auswechselbarkeit und Anpassung der einzelnen Ebenen an die benötigten Anforderungen.

3.1.4 Programmierung von Windows CE

Nachdem man mit dem Platform Builder sein individuelles Windows CE zusammengestellt und den SDK erzeugt hat, kann der SDK in eine Microsoft Entwicklungsumgebung, wie z.B. Visual Studio eingebunden werden. Dem Programmierer stehen dann automatisch die APIs zur Verfügung, die für die „eigene" Windows-Version benötigt werden. Als Programmiersprachen für Windows CE können sowohl C/C++ als auch Visual Basic eingesetzt werden. Ab Windows Mobile 2003 werden die Sprachen Visual Ba-

---

[21] http://msdn.microsoft.com/library/en-us/wceintro5/html/
wce50conIntroducingWindowsCE.asp?frame=true (15.7.2005)

sic.NET und C# unterstützt. Das Microsoft .NET Framework gehört ab Windows Mobile 2003 zum festen Bestandteil des Betriebssystems und ist im ROM gespeichert.

3.1.5 Windows Mobile

Microsoft unterscheidet zwei Windows Mobile-Versionen, zum einen die für Pocket PC und zum anderen die für Smartphones. Die
Unterschiede der beiden Systeme bestehen in der Größe der Geräte, der Größe der Displays und der Eingabe per Touchscreen
bei Pocket PCs. Der Pocket PC ist ein vollständiger PDA, ähnlich
dem Palm PDA, während das Smartphone ein normales Mobiltelefon mit erweiterten Funktionen ist.

Wie die Abbildung zeigt, lehnt sich die Bedienung des Windows
Smartphones an die von Windows XP an. Programme, die man
vom Windows-Desktop-Rechner kennt, finden sich ebenfalls wie-
der. Internet Explorer, Media Player, MSN Messenger und ein Datei Manager gehören zu den Standard-Programmen von Windows
Mobile. Erweiterbar ist der Software Umfang durch Java Midlets
oder Windows Mobile-Programme.

Abbildung 4 Windows Mobile Screenshot[22]

Eines der wenigen Telefone in Deutschland mit Windows als Betriebssystem ist das T-Mobile SDA. Dieses durch T-Mobile vertrie-
bene Smartphone besitzt die Möglichkeit der Synchronisation per
USB mit dem PC, um seine Daten einfach mit dem PC abgleichen
zu können. Auf dem Telefon kommt Windows Mobile 2003 Second
Edition für Smartphones zum Einsatz[23]. Mit dem Gerät besteht die
Möglichkeit, sich Word, Power Point, Excel und PDF Dateien an-
zuschauen.

---

[22] http://de.mobile.yahoo.com/special/wm/index.html (15.7.2005)
[23] Xonio.com, Windows im Handyformat

Abbildung 5 T-Mobile SDA[24]

---

[24] http://palmshop.ru/img/pda/tmobile_sda.gif.big.gif (15.7.2005)

3.2 Linux für mobile Geräte

Im Jahre 1991[25] programmierte der finnische Student Linus Torwards eine Terminal-Emulation, die unabhängig von einem Betriebssystem lief. Ein neues Betriebssystem war geboren. Torwards stellte das Programm im Internet anderen Benutzern zur Verfügung und ermöglichte ihnen an dem Programm mitzuarbeiten. Im März 1994 wurde die Version 1.0 von Linux veröffentlicht. Der Quelltext des Kernels steht seitdem unter der GPL Lizenz. Durch die Evolution der Prozessoren im Mobiltelefon und die Benutzung von speziell angepassten Versionen ist Linux nun auch für das Mobiltelefon verfügbar.

3.2.1 MontaVista Mobilinux

MontaVista ist derzeit einer der bedeutesten Unternehmen, wenn es um Linux für Mobiltelefone geht. Die Firma bietet Geräte-Herstellern das Mobilinux Open Framework an, mit dessen Hilfe eigene Mobiltefone auf Linux-Basis entwickelt werden können. Anders als bei anderen Herstellern, können Software-Komponenten in das Framework einfach eingefügt werden. Mobilinux 4.0 basiert auf dem Kernel 2.6 und beinhaltet nur die nötigsten Funktionen. Der Kernel wurde optimiert, um ein möglichst schnelles Starten zu ermöglichen und beinhaltet erweiterte Echtzeit-Funktionalität. Eine wichtige Rolle fällt auch dem für mobile Geräte optimierten Power Management zu. Mobilinux unterstützt die Prozessoren ARM und Xscale von Intel[26]. Wie die Abbildung zeigt, ist Mobilinux kein geschlossenes System, wie bei den Konkurrenten von Microsoft und Symbian. Alle Komponenten können verändert oder ausgetauscht werden, dies trifft ebenfalls auch auf den Kernel zu.

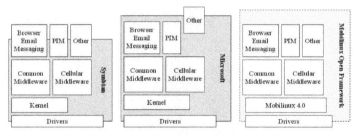

Abbildung 6 Vergleich mobile Betriebssysteme[27]

---

[25] Vgl. http://de.wikipedia.org/wiki/Geschichte_von_Linux (5.8.2005)
[26] Montavista, MontaVista Software Delivers Freedom and Flexibility To Mobile
    Phone Industry
[27] http://www.linuxdevices.com/news/NS8395255492.html (15.7.2005)

Durch die Verwendung von Linux steht den Entwicklern viel Dokumentation und Know-how über das Betriebssystem zur Verfügung.

Während Symbian und Windows Mobile zwei Prozessoren für Telefonfunktionen und Ausführung des Betriebssystems benötigen, kommt Mobilinux mit einem aus. Dies macht Mobilinux nicht nur für Smartphones interessant, sondern auch für Feature Phones, die preiswerter angeboten werden und den größten Teil des Marktes ausmachen. Feature Phones haben einen eingeschränkten Funktionsumfang und bieten kein Multitasking wie bei Smartphones. Bei solchen Telefonen setzten die Hersteller derzeit auf selbstentwickelte Software.

3.2.2 Trolltech Qtopia

Qtopia von der schwedischen Firma Trolltech ist kein komplettes Betriebssystem, wie z.B. Symbian OS. Qtopia bietet den Entwicklern von Mobiltelefonen die Möglichkeit, ihr Linux basiertes Gerät mit einer grafischen Benutzeroberfläche und speziellen Applikationen zu versehen. Zu diesen Programmen gehören Kalender, Browser, Adressbücher, Mediaplayer und Telefonfunktionen. Für die Synchronisation zwischen dem Telefon und Outlook bzw. Qtopia Desktop ist ein Framework enthalten. Auf der Basis von Qtopia lassen sich ebenfalls Java-Programme ausführen.[28]

Qtopia ist in zwei Versionen verfügbar, als PDA und Phone-Version. Letztere ist auf den Betrieb auf Mobiltelefonen ausgelegt mit einem kleinen Display und einer Eingabe per Telefontastatur oder Touchscreen.[29] Die Bedienoberfläche und die Software lässt sich an die jeweiligen Anforderungen des Herstellers anpassen.

Abbildung 7 Trolltech Qtopia Screenshot[30]

---

[28] Vgl. Trolltech, Qtopia Phone Whitepaper, Seite 13
[29] Vgl. Trolltech, Qtopia Phone Whitepaper, Seite 5
[30] http://www.trolltech.com/screenshots/qtopia.html (24.7.2005)

Qtopia setzt auf dem Trolltech Qt/Embedded C++ Framework mit integriertem Windowing System auf. Qt ist nicht nur für Linux verfügbar, sondern auch für Windows und Macintosh. Anwendungen können von diesen Systemen auch auf Qtopia portiert werden.[31] Als eigentliches Betriebssystem können Embedded Linux-Systeme verwendet werden, wie z.B. Mobilinux.

3.2.3 Motorola E680i mit Linux

Eines der Mobiltelefone der neuesten Generation mit Mobilinux ist das Motorola E680i. Dieses GSM Telefon bietet einen sehr breiten Funktionsumfang[32]:

- GPRS
- 240 × 320 Pixel großes Farbdisplay Wechsel zwischen Hoch- und Querformat
- Aufnahme und Wiedergabe von MPEG4 Videos
- Integrierter RealPlayer
- UKW-Radio
- Bluetooth
- Unterstützt Java/J2ME
- USB-Schnittstelle
- Zwei Gigabyte interner Speicher
- SD-Speicherkarten Erweiterung möglich
- VGA Kamera mit 8X Zoom
- Unterstützung von 3D Graphik

Abbildung 8 Motorola 680i mit Mobilinux[33]

---

[31] Vgl. Trolltech, Qtopia Phone Whitepaper, Seite 17
[32] Heise.de, Motorola stellt Linux-basiertes Multimedia-Handy E680i vor
[33] http://www.heise.de/mobil/newsticker/meldung/57945 (15.7.2005)

4 Symbian OS im Detail

Symbian OS des Herstellers Symbian ist ein speziell auf Mobiltelefone zugeschnittenes Betriebssystem. Die Firma Symbian existiert
seit 1998 [34] und ist eine Allianz verschiedener Mobiltelefon-
Hersteller und der Firma Psion.

In diesem Kapitel wird auf die Ursprünge und die technischen Details des Betriebssystems eingegangen.

4.1 Geschichte von Symbian OS

Die Wurzeln von Symbian OS liegen bei der Firma Psion. Psion
wurde 1981 von David Potter[35] gegründet, die Firma entwickelte
Programme für den Sinclair Rechner. Im Jahre 1984 brachte die
Firma den weltweit ersten Handheld Computer heraus, den Psion
Organizer 1. Dieses Gerät hatte einen Hitachi Prozessor mit 0,92
MHz, 2 kB Arbeitsspeicher und ein monochrom Display mit 16 Zei-
chen.[36]

Abbildung 9 Der Psion Organizer 1[37]

Psion brachte noch einige Handhelds heraus und war 1991 füh-
rend vor der Konkurrenz von Apple, Sharp und HP. Die Bedienung
der Geräte erfolgte über eine integrierte Tastatur. 1997 entwickelte
Psion das Betriebssystem EPOC, hier wurde die Eingabe mittels

---

[34] http://www.symbian.com/about/about.html (30.5.2005)
[35] Vgl. http://de.wikipedia.org/wiki/Psion
[36] Vgl. Gerlich A. , 2004, Symbian OS Seite 4
[37] http://www.mobile2day.de/platform_psion/historie/die_geraete.html?
    pe_id=208 (30.5.2005)

eines Stiftes unterstützt. EPOC wurde 1998 in das Unternehmen Symbian gewandelt und eigenständig. Symbian wurde von Anfang an als Betriebssystem für Smartphones entwickelt. An der Firma beteiligten sich außer Psion Nokia, Ericsson und Motorola[38]. Im Jahre 1999 beteiligte sich auch Panasonic an dieser Allianz. Für Hersteller gibt es die Möglichkeit, sich an Symbian zu beteiligen oder das Betriebssystem unter Lizenz zu verwenden.

Motorola entschied sich 2003 aus dem Symbian Zusammenschluss auszutreten. Motorola nimmt seitdem Lizenzen von Symbian in Anspruch. Der Grund für den Ausstieg war die Orientierung hin zu anderen Betriebssystemen, wie Linux und Windows Mobile.[39] Psion selbst verkaufte im Jahre 2004 seine Anteile an Symbian. Wie man auf der Abbildung sehen kann, ist mittlerweile Nokia mit 47,9 der stärkste Anteilseigner an Symbian.

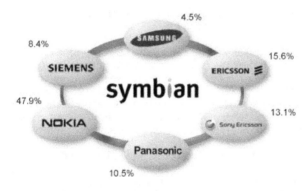

Abbildung 10 Anteilseigner an Symbian OS[40]

Nokia ist derzeit der Anbieter mit den meisten Mobiltelefonen mit Symbian OS auf dem Markt.

---

[38] http://www.symbian.com/about/history.html (30.5.2005)
[39] Vgl. Motorola GmbH, Hintergrund: Handy-Betriebssysteme
[40] http://www.symbian.com/about/ownership.html (Download 3.6.2005)

4.2 Die verschiedenen Symbian-Versionen

Symbian unterteilt seine verschiedenen Systeme in sogenannte Series. Jedes dieser Systeme ist auf einen bestimmten Einsatzzweck zugeschnitten, die Basis ist allerdings die gleiche.[41]

Der große Vorteil von Symbian OS, ist die Trennung von Benutzeroberfläche und eigentlichem Betriebssystem. Dies ermöglicht den einzelnen Herstellern die individuelle Anpassung an ihre Bedürfnisse.

Die verbreiteste Version ist die Serie 60 (Pearl), diese Serie ist speziell auf die Bedürfnisse von Smartphones angepasst. Die Telefone besitzen eine normale Telefontastatur und sind mit einer Hand zu bedienen. Die Telefone sind äußerlich meist nur durch ihre Größe von einem normalen Mobiltelefon zu unterscheiden. Zum Einsatz kommt diese Serie z.B. auf dem Nokia 6600, welches eine weite Verbreitung gefunden hat.

Im Gegensatz zur Serie 60 geht die Serie 80 (Crystal) in eine andere Richtung. Bei dieser Serie stehen die Organizer-Funktionen im Vordergrund. Der Funktionsumfang ist wesentlich umfangreicher, so haben diese Geräte eine QUERTZ-Tastatur und ein großes Display integriert. Das Nokia 9210 war das erste Gerät dieser Klasse. Hier steht der professionelle Einsatz im Vordergrund, ein vollwertiger Webbrowser und ein Email Client sind integriert.

Die Serie 90 spielt eine untergeordnete Rolle. Die Geräte sind mit einem großen Display und einer Stifteingabe ausgestattet. Das Nokia 7700 war das erste Gerät mit diesem System und konnte DVB-H TV Programme empfangen. Die Serie wird 2005 mit dem Nokia 7710 allerdings eingestellt.[42]

UIQ (Quartz) ist eine Mischung aus PDA und einem Mobiltelefon. Die Eingabe erfolgt über ein Touchscreen und einen Stift. Die Funktionsvielfalt ist bei diesen Geräten sehr ausgeprägt und bewegt sich auch auf einem professionellem Niveau. Eine besondere Bedeutung kommt bei der UIQ Serie den multimedialen Fähigkeiten zu. UIQ wird derzeit von Sony Ericsson im P910 eingesetzt.

---

[41] Huber S. , Seminar Symbian OS, Seite 6
[42] Eckstein M. , Xonio.com, Brot fürs Bewegtbild

4.3 Hardware

Um eine effiziente Nutzung von Akku Kapazitäten zu gewährleisten, kommen bei Mobiltelefonen spezielle Prozessoren zum Einsatz. Einer dieser Prozessoren ist z.B. der ARM-Prozessor, der
auch im Nokia 7650 zum Einsatz kommt. In diesem Gerät ist eine
ARM9 CPU mit 52 Mhz verbaut.[43]

4.3.1 Drei-Schichten-Struktur

Um eine bessere Übersicht über die Hardware eines Mobiltelefons
zu haben, werden diese in drei Schichten unterteilt. Die Abbildung
verdeutlicht diese Aufteilung. Die erste Schicht ist der CPU Core,
der auch Memory Management Unit (MMU) und die Caches beinhaltet. Wichtig bei der Wahl der CPU ist ein möglichst geringer
Stromverbrauch bei einer hohen Performance und einer kosten-
günstigen Herstellung.

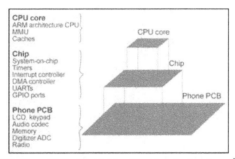

Abbildung 11 Drei-Schichten-Struktur der Hardware[44]

Symbian OS ist speziell auf die Familie der ARM-Prozessoren mit
RISC-Architektur abgestimmt.

Die zweite Schicht beinhaltet die erste Schicht und nennt sich Sys-
tem-on-chip (Soc). Implementiert sind hier zusätzlich Timer, Inter-
rupt Controller und weitere benötigte Erweiterungen.

Die dritte und letzte Schicht beinhaltet alle weiteren Funktionen,
wie z.B. Memory oder Audio Codec. Dies letzte Schicht wird auch
Printed Circuit Board genannt, kurz PCB.[45]

---

[43] Gerlicher A. , Symbian OS Betriebssysteme für Smartphones, Seite 28
[44] Symbian, Technology, Creating Symbian OS phones
[45] Vgl. Symbian, Technology, Creating Symbian OS phones

4.3.2 Speicher

Speicher spielen bei Mobiltelefonen eine immer wichtigere Rolle. Bei den ersten Geräten war der Speicher noch recht begrenzt, beim Nokia 7650 fanden sich nur 3 MB[46] im Gerät. Neuere Geräte besitzen bis zu 30 MB internen Speicher, der noch um eine Flash-Speicherkarte erweitert werden kann.

Die Adressierung der einzelnen Laufwerke wird ähnlich wie bei Windows über Laufwerksbuchstaben realisiert. Ein mobiles Gerät hat weniger Laufwerke als ein gewöhnlicher Computer. Laufwerk C: ist die RAM Disk, in die Daten gespeichert werden können. Wie auf der Abbildung zu sehen ist, wird der RAM für verschiedene Aufgaben benötigt. Anwendungen und Kernel speichern ihre Daten ebenfalls in den RAM. Der Zugriff auf diese Speicher erfolgt nicht über das Laufwerk, sondern wird von einem Memory Manager verwaltet.

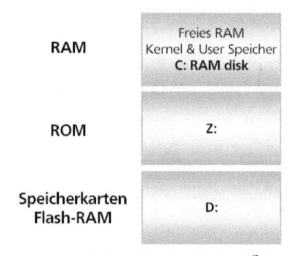

Abbildung 12 Laufwerke Symbian OS[47]

Das ROM welches als Laufwerk Z: ansprechbar ist, enthält das Betriebssystem und vom Hersteller vorgegebene Anwendungen. Durch das ROM sind die Daten vor einem Zugriff, z.B. durch Viren geschützt. Als Speichermedium kommen Flash-Speicher zum Einsatz, diese sind kostengünstig und schnell im Zugriff. Anders als bei einem PC, können die Programme direkt aus dem ROM ausgeführt werden. Durch den schnellen Zugriff auf die Flash-Speicher muss das Betriebssystem nicht in einen Arbeitsspeicher

---

[46] Nokia , Forum Nokia , Device Details Nokia 7650
[47] Gerlicher A. , Symbian OS Betriebssysteme für Smartphones, Seite 26

geladen werden. Mobiltelefone der neueren Generation haben zudem noch die Möglichkeit auf einer Speicherkarte Daten abzulegen. Der Laufwerksbuchstabe für diese Karte ist D:, bei mehreren Karten wird ein fortlaufender Buchstabe verwendet.

4.4 Software-Komponenten

Symbian OS trennt zwischen verschiedenen Software-Komponenten, unterteilt wird in Privilegien und Prozessgrenze. Eine weitere Grenze wird zwischen Anwendung und DLLs gemacht. Diese Unterteilungen sollen sicherstellen, dass ein unerlaubter Zugriff auf Speicherbereiche oder die Hardware nicht möglich ist.[48] Auf der Abbildung werden die wichtigsten Komponenten, wie Kernel, Server, Anwendung, Engine und die Grenzen gezeigt.

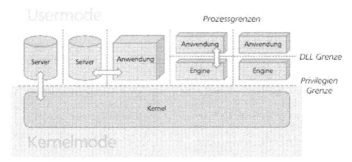

Abbildung 13 Grenzen zwischen den Software-Komponenten [49]

Die Privilegien-Grenze trennt den User- und den Kernelmode.

4.4.1 Kernel

Der Kernel besitzt als einzige Komponente das Recht auf die Hardware zuzugreifen. Möchte ein Programm z.B. auf den RAM zugreifen, so muss es dies über den Kernel tun. Das Programm selbst läuft im Usermode und nur mit Hilfe einer Kernel API kann es auf die gewünschte Hardware zugreifen. Symbian OS verwendet einen Mikrokernel, dieses erlaubt dem System Funktionen nachzuladen. Die nachgeladenen Funktionen werden dann im Usermode ausgeführt und besitzen keine Kernelmode-Privilegien.

---

[48] Vgl. Gerlicher A. Symbian OS Eine Einführung in die Anwendungsentwicklung, Seite 71
[49] Gerlicher A. , Symbian OS Betriebssysteme für Smartphones, Seite 20

Ein großer Vorteil dieser Methode ist die kompakte Größe des Kernels und dadurch ein schnelleres Booten. Die Funktionen, die nachgeladen werden sind als Server realisiert. Stürzt ein Server ab, wird nicht das ganze System instabil.

Die Abbildung zeigt den Vergleich zwischen einem monolythischem Kernel, wie ihn z.B. Linux benutzt und einem Microkernel. Als Server, die auch als Middelware bezeichnet werden, wird bei Symbian OS die Benutzerführung und der Fileserver realisiert.

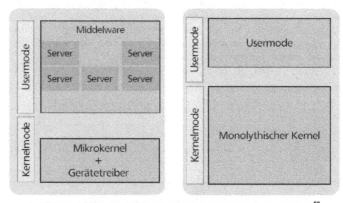

Abbildung 14 Vergleich Microkernel und monolythischer Kernel[50]

4.4.2 Anwendungen

Jede Anwendung besitzt einen eigenen Prozess und in der Regel eine Benutzeroberfläche. Die Benutzeroberfläche dient dem Benutzer zur Interaktion mit dem Programm. Um Sicherheit zwischen den einzelnen Anwendungen zu garantieren, laufen die Prozesse der Anwendungen in eigenen virtuellen Adressräumen. Eine Manipulation oder Störung wird so durch die Prozessgrenze vermieden.

4.4.3 Server

Ein Server wird nicht direkt vom Benutzer bedient, daher besitzt er keine Benutzeroberfläche. Die Steuerung eines Servers wird von einem Client übernommen, der über die API zugreift. Es ist möglich, dass ein Server von einem anderen Server gesteuert wird

---

[50] Gerlicher A. , Symbian OS Betriebssysteme für Smartphones, Seite 23

oder von einer Anwendung. Um die Stabilität zu gewährleisten, wird der Server meistens in einem eigenen Prozess ausgeführt. Um auf das Dateisystem zuzugreifen, wird z.b. ein Fileserver eingesetzt. Funktionen, die nicht im Kernel integriert sind, werden bei Symbian OS durch einen Server realisiert.

4.4.4 Engine

Die Engine liegt bei einer Anwendung hinter der Benutzeroberfläche. Sie ist die Ablauflogik des Programms und dient der Abgrenzung zur Benutzeroberfläche. Sinnvoll ist diese Trennung bei umfangreicheren Programmen um die Übersicht zu verbessern. Eine Engine kann durch ein eigenes Quellcode-Modul oder DLL-Dateien von der Anwendung separiert werden. Um eine bessere Übersicht zwischen Anwendungen und Engine zu erhalten, gibt es die DLL-Grenze. Diese Grenze dient nur der besseren Trennung und hat keine sicherheits-relevante Funktion. Symbian OS bietet dem Programmierer einige vorgefertigte Engines, wie z.B. eine Engine mit deren Hilfe man auf Kontaktdaten zugreifen kann.

4.5 System-Komponenten

Symbian OS ist in verschiedenen Schichten unterteilt, dies verdeutlicht die Abbildung. Die Basis besteht aus Low Level Library,
Kernel, Fileserver und Gerätetreibern. Über der Basis befindet
sich die Middleware, die am umfangreichsten ist und einige APIs
zu verschiedenen Grundfunktionen beinhaltet. Auf der Middleware
setzen die Anwendungs-Komponenten auf, ein Beispiel ist hier die
Integration von Java oder anderen Anwendungen.[51]

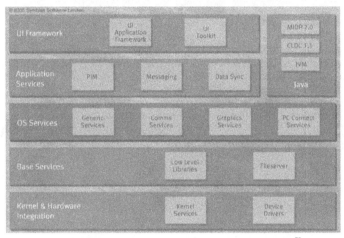

Abbildung 15 System-Komponenten von Symbian OS 9[52]

4.5.1 Kernel und Hardware-Integration

Die unterste Schicht, auf der das gesamte System basiert, beinhaltet den Kernel und die Systemtreiber. Der Kernel teilt den Anwendungen Speicher zu und ermöglicht den Zugriff auf die Hardware. Die Systemtreiber werden für das Display, die Tastatur oder
die Infrarot-Schnittstelle benötigt.

---

[51] Vgl. Symbian, Technology, Symbian OS Version 9.1 functional description
[52] http://www.symbian.com/technology/OSoverview/OSoverview_v9.html

4.5.2 Base-Services

Diese Schicht stellt verschiedene Dienste zur Verfügung, auf die andere Komponenten zugreifen können. In den Low Level-Bibliotheken sind Funktionen integriert, die z.b. die Verschlüsselung oder den Datenbank-Zugriff regeln. Der Fileserver stellt anderen Anwendungen die Möglichkeit bereit, auf das Dateisystem zuzugreifen.

4.5.3 OS-Services

Einige der wichtigsten Services des Betriebssystems sind in dieser Schicht integriert, wie z.b. die allgemeinen Services. Diese beinhalten Multimedia- und Kryptographie-Services. Die Multimedia-Services unterstützen die Einbindung von Megapixel-Kameras in das Mobiltelefon und stellt Funktionen zur Verarbeitung von Audio- und Videodaten bereit. Kryptographie-Services ermöglichen eine gesicherte Verbindung mit Hilfe von Verschlüsselungs-Verfahren, wie z.b. DES oder RSA. Die Kommunikations-Services beinhalten die Unterstützung für die Telefonfunktionen, unterstützt werden GSM und CDMA Protokolle. Serial- und Shortlink-Services sind für die Bereitstellung von Bluetooth, IrDa und USB Protokollen zuständig. Grafik-Services stellen Anwendungen die Möglichkeit bereit, auf dem Display Grafiken zu generieren. Um einen einfachen Austausch von Daten zum PC zu ermöglichen, wurden die PC Kommunikations-Services implementiert.

4.5.4 Application-Services

Zu den Applications-Services gehören die Bereiche Messaging, Syncronisation und die Personal Information Management (PIM) Funktionen. Messaging stellt die SMS, MMS und Email Funktionalität bereit. Die Syncronisations-Einheit benutzt unter anderem SyncML, um den Datenaustausch zwischen verschiedenen Geräten zu gewährleisten. Die Daten können über USB, Infrarot oder Bluetooth ausgetauscht werden. PIM[53] setzt sich aus verschiedenen Anwendungen zusammen, die die Verwaltung der persönlichen Daten erleichtern. Zu den Anwendungen gehört ein Kalender, eine Aufgabenliste und die Speicherung von Kontakten. Schnittstellen ermöglichen den Zugriff auf die Kontakt- und Kalenderdaten von anderen Anwendungen aus.

---

[53] Vgl. http://de.wikipedia.org/wiki/Personal_Information_Management

4.5.5 User Interface Framework

Das User Intrerface Framework beinhaltet das Graphical User Interface (GUI) Framework, mit dessen Hilfe Benutzeroberflächen erstellt werden können. Die Besonderheit von Symbian OS liegt in der Variabilität, jeder Geräte-Hersteller kann das GUI nach eigenen Wünschen anpassen. Die Kompatibilität der Anwendungen bleibt bestehen, nur das Aussehen der Oberfläche wird verändert.

4.5.6 Java

Symbian OS unterstützt Programme, die mit der Java 2 Micro Edition erstellt worden sind. Unterstützt werden die Standards MIDP 2.0 und CLDC 1.1, dies sind Java-Spezifikationen, die speziell für Mobiltelefone entwickelt worden sind. Symbian OS 9 unterstützt einige zusätzliche Funktionen, die in Standard-Implementierungen nicht enthalten sind. Ein Beispiel ist die Möglichkeit, auf das Dateisystem oder den Kalender zuzugreifen, dies ist nur durch die Erweiterung PIM and FileCF (JSR075) möglich. Um auch 3D Spiele benutzen zu können, ist die Mobile 3D graphics API for J2ME 1.0 (JSR184) implementiert.

4.6 Speicherverwaltung

Durch die begrenzten System-Ressourcen, ist eine möglichst effektive Speicherausnutzung sehr wichtig. Bei einem mobilen Gerät sind Einschränkungen sowohl bei der Prozessorleistung als auch der Größe des Speichers zu machen.

4.6.1 Memory Management Unit

Die Memory Mangement Unit (MMU) sorgt für die Aufteilung des Speichers. Jeder Prozess besitzt einen eigenen abgetrennten Speicherbereich. Durch diese Trennung ist es nicht möglich, dass verschiedene Prozesse sich gegenseitig stören. Die Abbildung zeigt die Kontextübergabe der virtuellen auf die physikalischen Adressbereiche. Die MMU verwaltet die Speicherbereiche in MMU Tabellen, diese werden möglichst kompakt im RAM gespeichert.

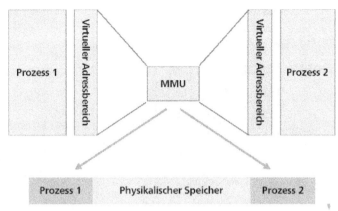

Abbildung 16 Kontextübergabe mit Hilfe der MMU[54]

4.6.2 Verwaltung von RAM und ROM

Bei der Verwaltung von RAM und ROM wird mit unterschiedlichen Methoden gearbeitet. Das ROM besitzt eine Verzeichnisstruktur, bestehend aus einem Verzeichnisbaum, wie bei einem PC. Eine Adressierung ist durch dieses System recht simpel. Die Daten liegen auf dem Laufwerk Z: und können bei Bedarf von dort geladen werden. Eine Speicherung im RAM ist nicht nötig, die Ausführung geschieht direkt aus dem ROM. Die Verwaltung des RAM gestaltet sich aufwendiger. Um eine möglichst effektive Nutzung des RAM zu erreichen, wird dieser in 4k-Blöcke aufgeteilt. Die RAM-Disk die als Laufwerk C: gemountet wird, liegt ebenfalls im RAM. Ein Zugriff auf die RAM-Disk ist nur über den Fileserver erlaubt, ein direkter Zugriff auf den Speicher ist nicht möglich. Der Speicher kann mit verschiedenem Inhalt belegt werden[55]:

- Virtueller Adressraum eines User-Prozesses
- Virtueller Adressraum des Kernel-Server-Prozesses
- DLL-Dateien
- MMU Tabellen
- Video RAM
- Free List, enthält die freien Stellen im Speicher

---

[54] Gerlicher A. , Symbian OS Betriebssysteme für Smartphones, Seite 22
[55] Vgl. Gerlicher A. Symbian OS Eine Einführung in die Anwendungsentwicklung, Seite 83

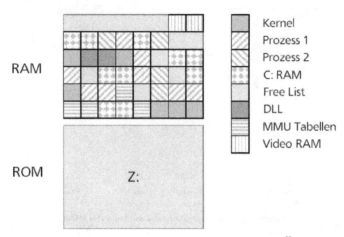

RAM

ROM   Z:

Kernel
Prozess 1
Prozess 2
C: RAM
Free List
DLL
MMU Tabellen
Video RAM

Abbildung 17 Speicherverwaltung in RAM und ROM[56]

4.6.3 Laden von Programmen

Wie bei einem Windows PC gibt es bei Symbian OS ausführbare Exe-Dateien und Dynamic-Link-Libray-Dateien, kurz DLL. Exe-Dateien werden in einem eigenen Prozess gestartet und enthalten die eigentlichen Anwendungsdaten. Für jede aufgerufene Anwendung wird ein separater Prozess angestoßen mit eigenem Speicherbereich. DLL-Dateien sind keine eigenen Programme, sondern enthalten Bibliotheken, auf die ein anderes Programm zugreifen kann. DLL-Dateien werden nur einmal in den Speicher geladen, sie können von mehreren Programmen verwendet werden.

Bei DLL-Dateien werden zwischen Shared-Library-DLL und polymorphischen DLL-Dateien unterschieden. Shared-Libraray-DLL-Dateien können von verschiedenen Programmen benutzt werden und haben in der Regel die Endung „dll". Benötigt ein Programm eine DLL-Datei, wird diese automatisch in den Speicher geladen und ist dann für das Programm verfügbar. Es ist möglich, dass eine DLL-Datei weitere DLL-Dateien benötigt, diese werden dann rekursiv aufgerufen und geladen. Im Gegensatz zur Shared-Libraray werden die polymorphischen DLL-Dateien meist von einem Programm aufgerufen. Diese Dateien stellen Treiber bereit und haben eine Dateiendung wie „.prn", „.prt" oder „.app".

---

[56] Gerlicher A. , Symbian OS Betriebssysteme für Smartphones, Seite 25

4.6.4 Prozesse und Threads

Durch die strikte Trennung der einzelnen Prozesse in getrennte Speicherbereiche ist sichergestellt, dass die Prozesse ihre Daten nicht gegenseitig ändern können. Der Nachteil dieser Methode ist der hohe Verlust an Systemleistung, wenn es zu einer Kontext-übergabe zweier Prozesse kommt. Mit Hilfe der Kontextübergabe wird die Ausführungskontrolle zwischen Prozessen oder Threads weitergereicht. Threads sind der Steuerfluss[57] für einen Prozess und gehören zu genau einem Prozess. Ein Prozess kann allerdings mehr als einen Thread ausführen. Threads, die zu dem selben Prozess gehören, können auf die gleichen Daten zugreifen. Die zu einem Prozess gehörenden Threads, liegen im gleichen Speicherbereich, wie die Abbildung verdeutlicht. Eine Kontext-übergabe von Threads, die im gleichen Prozess laufen ist daher mit weniger Aufwand verbunden. Durch den gemeinsamen Speicher ergibt sich allerdings auch ein Sicherheitsproblem, da die Daten nicht voneinander abgeschirmt sind. Eine Änderung in der Speicher-Mapping-Tabelle durch die MMU ist nicht erforderlich.

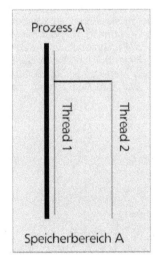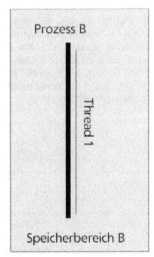

Abbildung 18 Threads innerhalb eines Prozesses[58]

Der Name Thread kommt aus dem englischen und bedeutet Strang bzw. Faden. Ohne Threads wäre die Verwendung von grafischen Benutzeroberflächen so gut wie nicht möglich.[59]

---

[57] Vgl. at-mix.de , Thread
[58] Gerlicher A. , Symbian OS Betriebssysteme für Smartphones, Seite 21
[59] Vgl. Gerlicher A. Symbian OS Eine Einführung in die Anwendungsentwick-lung, Seite 74

5   Programmiersprachen mobiler Endgeräte

5.1 Python für Series 60

Die Programmiersprache Python wurde Anfang der 90er Jahre entwickelt. Ihr Erfinder war Guido Rossum, ein Angestellter des Centrum voor Wiskunde en Informatica in Amsterdam. Bei der Entwicklung der Sprache wurde darauf geachtet, den Code möglichst einfach und übersichtlich zu gestalten. Unterstützt wird sowohl die objektorientierte als auch die funktionale Programmierung.[60] Python ist frei verfügbar und wird von der Open-Source-Gemeinschaft weiterentwickelt. Eine Kompilierung der Skripte ist nicht nötig, ein Python-Interpreter wird allerdings auf dem Gerät vorrausgesetzt.

5.1.1 Installation von Python

Um Python-Skripte auf einem Mobiltelefon ausführen zu können, ist die Installation von Python auf dem Gerät nötig. Auf der Nokia Webseite findet man die Datei „PythonForSeries60.sis", diese muss auf dem Gerät installiert werden. Nach der Installation steht einem Python als normale Applikation zur Verfügung. Startet man Python, kann zwischen der Konsole und der Ausführung von Skripten gewählt werden.

Abbildung 19 Python Auswahlmenü[61]

---

[60] Vgl. http://de.wikipedia.org/wiki/Python_(Programmiersprache)
[61] Nokia, Forum Nokia, Datasheet of Python for Series 60, Seite 1

5.1.2 Entwickeln mit Python

Eine Besonderheit bei Python ist die Möglichkeit, seine Anwendungen direkt auf dem Gerät zu erstellen. Für aufwendigere Anwendungen ist diese Möglichkeit nicht zu empfehlen. Durch das
Aufrufen der Python-Konsole ist es möglich, einfache Skripts direkt auf dem Telefon einzugeben und auszuführen.

Abbildung 20 Python-Konsole[62]

Um die Entwicklung einfacher zu gestalten, ist es möglich mittels
der Bluetooth-Konsole auf das Gerät zuzugreifen und Python-
Skripte auszuführen. Die Verbindung setzt einen Bluetooth-
Adapter im PC voraus oder eine Verbindung mit TCP/IP über
GPRS oder UMTS.

```
bt - HyperTerminal                                                    _|□|x|
File  Edit  View  Call  Transfer  Help
□|☞| ⊜|3| □|☜| ☞|

Connected.
Running c:\startup.py...
Running startup file.
Python 2.2.2 (#0, Nov 19 2004, 11:26:50)
[GCC 2.9-psion-98r2 (Symbian build 546)] on symbian_s60
Type "copyright", "credits" or "license" for more information.
Type "commands" to see the commands available in this simple line editor.
>>> import appuifw
>>> appuifw.note(u"Hello", "info")
>>> print "Hello"
Hello
>>> 2+2
4
>>> import pdb
>>> dir(pdb)
['Pdb', 'Repr', 'TESTCMD', '__all__', '__builtins__', '__doc__', '__file__', '__
name__', '__repr__', '__saferepr__', 'bdb', 'cmd', 'find_function', 'line_prefix', 'li
necache', 'mainmodule', 'mainpyfile', 'os', 'pm', 'post_mortem', 're', 'run', 'r
uncall', 'runctx', 'runeval', 'set_trace', 'sys', 'test']
>>> foo()
Traceback (most recent call last):
  File "<console>", line 1, in ?
NameError: name 'foo' is not defined
>>>

Connected 00:01:58        ANSIW        115200 8-N-1
```

Abbildung 21 Bluetooth-Konsole[63]

---

[62] Wartala R. :Schlangenbewegt
[63] Nokia, Forum Nokia, Programming_with_Python_1_1_5.pdf, Seite 9

Für den professionellen Einsatz steht dem Entwickler das Python for Series 60 SDK zur Verfügung. Dieser Zusatz für das Serie 60 SDK macht es möglich, Python-Programme auf einem PC laufen zu lassen und zu testen.

Bei Python-Programmen, die auf einem PC geschrieben worden sind, besteht die Möglichkeit, diese auch auf dem Mobiltelefon laufen zu lassen. Probleme können allerdings auftreten, wenn benötigte Module nicht auf dem Telefon vorhanden sind.

Mit Python ist ein Zugriff auf Bluetooth, GPRS, SMS Funktionen und selbst das Dateisystem möglich. Um Python-Skripte möglichst einfach installieren zu können, existiert das Programm Py2sis. Mit diesem Programm ist es möglich, aus Python-Skripten eine „.sis" Installations-Datei zu erstellen.

5.1.3 Beispiel Code

Um eine einfache Ausgabe wie „Hello World" mit Hilfe der GUI auf dem Telefon auszugeben, sind lediglich drei Zeilen Code nötig.

Abbildung 22 Hello World in Phython[64]

In der ersten Zeile stehen die Bibliotheken, die zu importieren sind. Bei diesem Beispiel[65] werden nur die Bibliotheken für die grafische Benutzeroberfläche importiert.

```
import appuifw
```

---

[64] Nokia, Forum Nokia, Programming_with_Python_1_1_5.pdf, Seite 8
[65] Nokia, Forum Nokia, Programming_with_Python_1_1_5.pdf, Seite 8

Die Konstante app steht für die Anwendung selbst und wird vom System vorgegeben. Mit dieser Zeile wird die Beschriftung der Titelleiste angegeben. Das „u" vor dem Sting gibt an, dass es sich um eine Unicode Variable handelt.

appuifw.app.title = u"Hello World"

Die Ausgabe des Textes „Hello World" wird hier übergeben und auf dem Display in einer Textbox angezeigt.

appuifw.note(u"Hello World!", 'info')

5.2 C ++ für Symbian OS

Die Programmiersprache C++ ist eine der verbreitesten Programmiersprachen. Das Betriebssystem Symbian OS wurde komplett in C++ geschrieben. Viele Programme, die für Symbian Mobiltelefone geschrieben wurden, sind in C++ entwickelt worden. Anders als in Java sind die Programme nicht auf jedem Telefon lauffähig, dafür ist der Funktionsumfang größer und die Geschwindigkeit bei der Ausführung höher. Die in C++ geschriebenen Anwendungen sind sowohl mit UIQ als auch mit Series 60 kompatibel, die Benutzeroberfläche unterscheidet sich allerdings.

5.2.1 Tools zur Erstellung

Um Anwendungen für die Series 60 zu entwickeln, stellt Nokia eine Personal-Version des Metrowerks CodeWarriors zur Verfügung. Die Entwicklungsumgebung kann kostenlos von der Nokia Forum Webseite heruntergeladen werden. Um den Programmierer bei der Entwicklung zu unterstützen, stellt Nokia des weiteren den Series 60 SDK zum Download bereit. Der Series 60 SDK beinhaltet einige Tools, die das Entwickeln für Mobiltelefone einfacher macht. Außerdem werden die zur Entwicklung benötigten APIs auf dem Computer installiert.

Das Nokia Series 60 SDK for Symbian OS für C++ unterstützt die folgenden Entwicklungsumgebungen:

- CodeWarrior Development Studio for Symbian OS.
- Borland C++ Builder 6 und Borland C++ BuilderX.
- Microsoft Visual Studio 6.0 und Microsoft Visual Studio.NET 2003.

Mit Hilfe des Application Wizard ist es möglich, eine Grundstruktur des Quellcode automatisch generieren zu lassen. Dies empfiehlt sich vor allem bei einer Anwendung mit einer grafischen Oberfläche. Das Tool erzeugt alle nötigen Dateien und erstellt die Arbeitsverzeichnisse für ein neues Projekt. Der Application Wizard wird direkt in die IDEs, wie CodeWarrior for Symbian OS oder Visual Studio eingebunden.

Einer der wichtigsten Tools zur Entwicklung einer Symbian-Anwendung auf einem PC ist der Symbian OS-Emulator. Dieser kann entweder direkt aus der Entwicklungsumgebung oder über die Kommandozeile ausgeführt werden. Dieser Emulator macht die Entwicklung wesentlich einfacher, da die Anwendung zum Testen nicht immer auf das Gerät geladen werden muss.

Um den Umgang mit der Programmiersprache leichter zu gestalten, sind Dokumentationen und Beispiel-Programme in dem Paket enthalten. Tutorials für den Einstieg, Guidelines für das Testen und Programmieren in C++ für Symbian OS beinhaltet das SDK ebenfalls.

Das Environment Switch Tool erlaubt den einfachen Wechsel zwischen den verschiedenen Symbian SDK Plattformen und vereinfacht so die Entwicklung. Der Programmierer kann so in einem Schritt für die Series 60 und Series 80 entwickeln.

Um eine Entwicklung auch manuell möglich zu machen, sind einige Tools für die Kommandozeile enthalten. Um Makefiles für die verschiedenen wie ARM oder Windows erstellen zu können, liegt das Tool Makmake bei. Mit diesen Makefiles und nmake kann das Projekt dann kompiliert werden. Makesis wird zur Erstellung von „.sis" Installationspaketen benutzt und ermöglicht eine einfache Installation auf dem Symbian Gerät.

5.2.2 Benötigte Dateien

Bei der Entwicklung einer Applikation sind verschiedene Dateien beteiligt. Der Symbian-Projekt-Datei, die die Endung „.mmp" hat, fällt hier eine besondere Rolle zu. Diese Datei beinhaltet alle Dateien und Bibliotheken, die zu einem Projekt gehören. Die Sprache, der Anwendungstyp, die Pfade und eine eindeutige Kennung werden ebenfalls gespeichert. Um die Zusammenhänge besser verstehen zu können, dient dieses Beispiel einer „.mmp" Datei.

Listing 1 Beispiel einer Projektdefinitions-Datei[66]

```
TARGET        HalloWelt.app
TARGETTYPE    app
UID           0x100039CE 0x0C1CA01F
TARGETPATH    \system\apps\HalloWelt
SOURCEPATH    ..\src

SOURCE        HalloWeltApp.cpp
SOURCE        HalloWeltAppUi.cpp
SOURCE        HalloWeltDocument.cpp
SOURCE        HalloWeltContainer.cpp

RESOURCE      ..\data\HalloWelt.rss
RESOURCE      ..\data\HalloWelt_caption.rss
LANG          SC

USERINCLUDE . ..\inc

SYSTEMINCLUDE. \epoc32\include

LIBRARY       euser.lib apparc.lib cone.lib eikcore.lib
```

Der Hauptbestandteil einer jeden Software sind die Quellcode-Dateien. Diese Dateien haben die Endung „.cpp" und beinhalten den eigentlichen Code der Anwendung. Header Files mit der Dateiendung „.h", enthalten die Definitionen der Klassen einer Anwendung.

In der Datei mit der Endung „.hrh" werden die Konstanten des Programms gespeichert. Diese Konstanten werden für das Ansprechen der Menüpunkte in der GUI benötigt.

Die Dateien mit der Endung „.rss" beinhalten alle Texte einer Anwendung und Informationen über die Benutzeroberfläche. Die Auslagerung der Texte in eine separate Datei hat den Vorteil, dass Programme leicht in eine andere Sprache übersetzt werden kön-

---

[66] Gerlicher A. Symbian OS Eine Einführung in die Anwendungsentwicklung, Seite 106

nen. Ein Eingriff in den Quellcode ist nicht nötig, da alle Texte in dieser separaten Datei stehen.

Die kompilierten Quellcode-Dateien haben die Endung „.app" und sind die Binär-Dateien einer Anwendung. Die „.rsc" Dateien sind die kompilierten Ressourcen-Dateien, die die Texte für eine Anwendung enthalten.

Um die Icons der grafischen Benutzeroberfläche speichern zu können, werden „.aif" Dateien benutzt. Diese können auch den Namen der Anwendung, deren Eigenschaften und die Menüplatzierung enthalten.

Die Datei „.pkg" dient der Erstellung von „.sis" Dateien, diese Package-Datei beinhaltet Informationen über die zugehörigen Ressourcen- und Anwendungsdateien.

Damit Programme einfach auf einem Gerät installiert werden können, gibt es die „.sis" Dateien. Diese beinhalten alle notwendigen Daten, um eine Applikation auf einem Symbian-Gerät laufen zu lassen. Die „.sis" Dateien werden mit Hilfe des Programms „Makesis" aus den „.pkg" Dateien generiert.

5.2.3 Der Buildprozess

Bei der Entwicklung bei Symbian OS-Anwendung ist das Betriebssystem, auf dem man entwickelt nicht gleich dem Zielsystem. Dies erfordert besondere Arbeitsschritte bei der Entwicklung. Um Anwendungen auf einem Symbian OS-Gerät selbst testen zu können, wird eine Installations-Datei im „.sis" Format benötigt. Diese wird aus den verschiedenen Dateien eines Projektes generiert, was einen recht hohen Aufwand bedeutet. Um Programme nicht jedes mal zu einer „.sis" Datei konvertieren zu müssen, wurde ein Symbian OS-Emulator für Windows entwickelt.

Anders als bei Java-Programmen, steht man vor dem Problem, dass die Anwendung für verschiedene Plattformen kompiliert werden muss. Zum einen die Plattform für die Entwicklung, die auf Intel x86 Prozessoren basiert und zum anderen die ARM-Architektur. Die Familie der ARM-Prozessoren wird in Symbian OS-Geräten verwendet, diese Prozessoren sind speziell für den mobilen Einsatz entworfen worden. So ist es nötig, vor der Kompilierung zu wissen, auf welchem System die Software laufen soll. Die Abbildung zeigt die verschiedenen Schritte der Kompilierung.

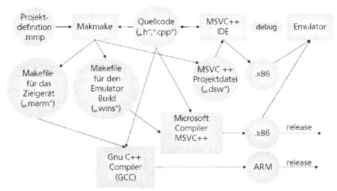

Abbildung 23 Workflow des Buildprozesses[67]

Der Ausgangspunkt ist das „.mmp" Projektfile, was die wesentlichen Daten eines jeden Projektes enthält. Um für das gewünschte
System zu kompilieren, muss aus der „.mmp" Datei ein Makefile
generiert werden. Um ein Makefile zu erzeugen, wird das Makma-
ke-Tool verwendet. Hier wird angegeben, für welche Zielplattform
die Anwendung generiert werden soll. Mit Hilfe der Makefiles und
dem entsprechenden Compiler, ist es nun möglich eine ausführbare Datei für die gewünschte Hardware-Plattform zu generieren.
Um „.dsw" Projektdateien für das Microsoft Visual Studio zu generieren, kann ebenfalls Makmake eingesetzt werden. Der Metrowerks CodeWarrior ist in der Lage, seine Projektdateien direkt aus
der „.mmp" Datei zu generieren, der Umweg über Makmake ist
hier nicht nötig. Mit Hilfe des CodeWarriors und des Series 60
SDK lassen sich diese Schritte direkt aus der Entwicklungsumgebung herausstarten. Die hier verwendete manuelle Erstellung wird
zur Verdeutlichung der Arbeitsschritte verwendet.

---

[67] Gerlicher A. , Symbian OS Betriebssysteme für Smartphones, Seite 33

5.2.4 Beispiel Anwendung

Dieses einfache Beispiel[68] zeigt ein in C++ geschriebenes Programm, was „Hello World!" auf der Konsole ausgibt. Das Programm besteht aus einer einzelnen Quellcode-Datei und ist daher sehr übersichtlich. Ein ausführlicheres und sehr viel umfangreicheres Beispiel mit Benutzeroberfläche findet sich im Anhang A.

Abbildung 24 Hello World Konsolen-Anwendung[69]

In den ersten Zeilen werden die benötigten Headerfiles eingebunden und eine Konsole zur Ausgabe wird erstellt.

```
#include <e32base.h>
#include <e32cons.h>

LOCAL_D CConsoleBase* console;
```

Die Ausgabe sieht etwas anders aus als bei einem normalen C++ Programm, da `printf()` eine Memberfunktion der Klasse `CConsoleBase` ist. `Console` ist ein Objekt dieser Klasse und erwartet einen Deskriptor als Parameter. `_L()` ist ein Makro, das einen String in einen Symbian OS-Deskriptor wandelt. Deskriptoren sind in Symbian OS für die Verarbeitung von Strings und Binär-Dateien zuständig[70]. Der Vorteil von Deskriptoren ist die Möglichkeit, den Speicherverbrauch selbst bestimmen zu können und damit effektiver mit den Geräte-Ressourcen umgehen zu können.

```
void mainL()
    {
    console->Printf(_L("Hello world!\n"));
    }
```

Die Funktion `consoleMainL()` des Programms erstellt als erstes ein Konsolen-Objekt. Der Text, der in der Titelleiste stehen soll

---

[68] Gerlicher A. , Symbian OS Betriebssysteme für Smartphones , Seite 65
[69] Gerlicher A. , Symbian OS Betriebssysteme für Smartphones , Seite 65
[70] Vgl. Gerlicher A. Symbian OS Eine Einführung in die Anwendungsentwicklung, Seite 50

und die Struktur Tsize werden übergeben. Mit Hilfe von Tsize und des Parameters KconsFullScreen wird die Anwendung im Vollbild-Modus ausgeführt. Mit Hilfe von CleanupStack wird die Anwendung bei einem Fehler automatisch aus dem Speicher gelöscht. Nachdem die mainL()Methode aufgerufen worden ist, wird an die Konsole der Text „press any key" übergeben und mit Hilfe von Getch()auf eine Eingabe gewartet. Wird eine Eingabe gemacht, beendet sich das Programm und wird aus dem Speicher gelöscht.

```
void consoleMainL(){
    // eine Konsole holen
    console=Console::NewL(_L("Hello
Text"),TSize(KConsFullScreen,KConsFullScreen));
    CleanupStack::PushL(console);
    // die Hauptfunktion aufrufen
    mainL();
    console->Printf(_L("[ press any key ]"));
    TKeyCode code =console->Getch();
    // Beenden der Konsole
    CleanupStack::PopAndDestroy();}
```

Die Funktion E32main()wird durch GLDEF_C als globales Mako definiert, sie dient als Einstiegspunkt für das gesamte Programm. Die Funktion gewährleistet das Aufräumen des Speichers, in dem mit _UHEAPMARK und _UHEAP_MARKEND am Anfang und am Ende der Funktion der verwendete Speicher verglichen wird. Durch diesen Vergleich wird überprüft, ob noch Reste des Programms im Speicher liegen und entfernt werden müssen. Der Cleanup-Stack wird dann erstellt, so dass er der Funktion consoleMainL() zur Verfügung steht. ConsoleMainL()wird nun mittels des Makros TRAPD() aufgerufen, um Fehler in der Funktion abfangen zu können. Mit dem Makro __ASSERT_ALWAYS() wird geprüft, ob ConsoleMainL() ohne Fehlermeldungen ausgeführt worden ist. Wird ein Fehler gemeldet, wird eine Fehlermeldung ausgegeben und die gesamte Anwendung kontrolliert beendet. Der Cleanup-Stack wird anschließend gelöscht und der Returnwert 0 zurückgegeben.[71]

```
GLDEF_C TInt E32Main(){
    __UHEAP_MARK;
    CTrapCleanup* cleanupStack=CTrapCleanup::New();
    TRAPD(error,consoleMainL());
    __ASSERT_ALWAYS(!error,User::Panic(_L("PEP"),error));
    delete cleanupStack;
    __UHEAP_MARKEND;
    return 0;}
```

---

[71] Vgl. Gerlicher A. Symbian OS Eine Einführung in die Anwendungsentwicklung, Seite 52f

6 J2ME im Detail

Die Programmiersprache Java hat in den letzten Jahre eine enorme Verbreitung gefunden. Ursprünglich aus einer Programmiersprache für einen 1991 von Sun entwickelten kabellosen PDA[72] hervorgegangen, hat Java einen weltweiten Siegeszug angetreten.

In diesem Kapitel wird auf die Entwicklung von Java und der daraus abgeleiteten Java 2 Micro Edition eingegangen. Der Ansatz von Java ist die betriebssystem-unabhängige Ausführung von Programmen. Java ist demzufolge für eine ganze Reihe von Systemen verfügbar, wie z.B. Linux oder Microsoft Windows. Sun deckt auch die Palette der mobilen Geräte ab wie Mobiltelefone, PDAs oder Smartcards.

Für solche Anwendungsfälle sind besondere Anforderungen zu erfüllen. So gibt es spezielle Java-Versionen für die einzelnen Geräteklassen. Die Java Micro Edition ist eine solche. Diese wurde speziell für mobile Geräte, wie PDAs oder Handys entwickelt.

6.1 Entwicklung von Java

Der Ursprung von Java liegt im Jahre 1991. Sun startete in diesem Jahr das „Green Project". In diesem Projekt wurde mit Hilfe eines kabellosen PDA, der als zentrales Steuergerät dienen sollte, eine Haushaltssteuerung entwickelt. Ziel war es, alle Geräte im Haushalt mit dem Gerät zu steuern. Die Eingabe erfolgt über einen Touchscreen und einer animierten Benutzeroberfläche.[73]

Der Name des Systems war „*7" (Star Seven), die Programmiersprache mit der programmiert wurde hieß Oak. Oak war eine komplett neu entwickelte Sprache, die plattform-unabhängig war. Ziel war es, ein Betriebssystem zu entwickeln, was im einen Megabyte beschränkten Hauptspeicher des Star Seven Platz fand.

Die Entwickler wollten C++ zur Programmierung des Gerätes benutzen. Ein Programmierer Names James Gosling hielt von der Idee wenig und drängte darauf, eine eigene Sprache zu entwickeln.[74] Im Sommer 1992, nach 18 Monaten, wurde die Entwicklung fertiggestellt und vorgestellt als "an interactive, handheld homeentertainment device controller with an animated touchscreen user interface"[75].

---

[72] Kroll M., Haustein S. 2003, J2ME Developer`s Guide, Seite 20
[73] Vgl.Schmatz K. 2004, Java 2 Micro Edition , Seite 1
[74] Vgl. Kroll M., Haustein S. 2003, J2ME Developer`s Guide, Seite 20
[75] Vgl. http://de.wikipedia.org/wiki/Java_(Programmiersprache) (21.4.2004)

Nach der Vorführung meldeten verschiedene Kabelgesellschaften Interesse an dem Projekt. Daraufhin wurde die Firma First Person gegründet. Der Verkauf des Systems war nicht sehr erfolgreich. Die Entwickler waren ihrer Zeit voraus. Der Zeitpunkt für digitale TV Mehrwertdienste war noch nicht gekommen. Um den Fortbestand der Firma zu sichern, musste man nun umdenken und ein anderes Produkt entwickeln.

Zu dieser Zeit gewann das Internet immer mehr an Bedeutung. Die Weiterentwicklung von Oak wurde in Richtung Internet vorangetrieben. Da der Name Oak schon verwendet wurde, nannte man die Sprache Java. Heute erinnert noch der Java „Duke", der als Maskottchen für Java bekannt ist, an das Star Seven-Projekt.

Durch die Plattform-Unabhängigkeit wurde Java als Programmiersprache für Internet-Anwendungen genutzt. Der Durchbruch kam mit der Unterstützung durch den Netscape Navigator.[76]

Im Januar 1996 brachte Sun den Java Development Kit 1.0, kurz JDK auf den Markt. Java entwickelte sich zu einer Programmiersprache für Desktop-Rechner. Der möglichst ressourcenschonende Umgang mit der Hardware war nicht mehr nötig.

Im Juni 1999 verfolgten die Java-Entwickler einen neuen Ansatz. Für die einzelnen Einsatzzwecke entstanden separate Editionen. Dies ermöglichte die Anpassung an die zur Verfügung stehende Hardware und den Einsatzzweck.

Die Firma Sun nahm die folgenden Aufteilung vor[77]:

- Java 2 Enterprise Edition (J2EE) für serverseitige Anwendungen

- Java 2 Standart Edition (J2SE) für Desktop-Rechner

- Java 2 Micro Edition (J2ME) für Geräte mit beschränkten Ressourcen

---

[76] Vgl. http://de.wikipedia.org/wiki/Java_(Programmiersprache) (21.4.2004)
[77] Vgl. Schmatz K. , 2004. Java 2 Micro Edition

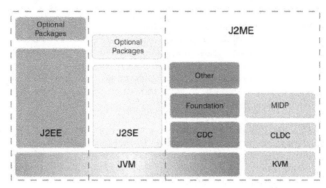

Abbildung 25 Übersicht der Java-Versionen[78]

Die Java Micro Edition war geboren. Mit dieser ressourcen-schonenden Version wurde es möglich, Java auf Mobiltelefonen, Smartcards und Settop Boxen zu betreiben. Mit der Micro Edition kam man zu den Wurzeln der Sprache zurück, eine möglichst ressourcenschonende und kompakte Programmiersprache zu entwickeln.

6.2 Entwicklung Java 2 Micro Edition

6.2.1 Das Spottless-Projekt

Die Java Micro Edition ging aus dem Spottless-Projekt hervor. Sun wollte mit diesem Projekt die Größe der Laufzeitumgebung und ihre Ansprüche an die Hardware möglichst gering halten.

Die Sun Mitarbeiter entwickelten eine Laufzeitumgebung, die weniger als 300 kB groß war. Diese lief noch auf einem Arbeitsplatz-rechner. Da man aber kleinere Geräte als Plattform im Visier hatte, suchte man eine Alternative. Sun wurde fündig und implementierte seine Entwicklung auf einem Palm PDA von 3COM.

Das Ziel des Spottless-Projektes war eine sehr geringe Größe der Laufzeitumgebung. So verzichtete man auch auf eine Benutzer-oberfläche. Das Starten der Java-Programme war nur über die Kommandozeile möglich, die eine Liste der Java-Programme anzeigte.

---

[78] http://www-106.ibm.com/developerworks/java/library/j-j2me/ (25.5.2005)

6.2.2 J2ME KVM

Das Herzstück von Java ist die Virtual Machine (VM), die es ermöglicht, Programme auf digitalen Geräten auszuführen.

Auf der Java One Konferenz 1999[79] wurde die neue Virtual Machine vorgestellt, die speziell für mobile Geräte entwickelt wurde.
Diese neue VM belegte nur wenige Kilobytes und so nannte man
sie Kilobyte Virtual Machine kurz KVM. Die KVM ist eine Weiterentwicklung des Spottless-Projektes, einige Klassen wurden ausgetauscht und eine grafische Benutzeroberfläche implementiert.

Die KVM wurde ab Version 0.2 nicht nur von Sun entwickelt. Mit
dem Java Community Process (JCP) wurde es anderen Firmen
und Privatpersonen möglich gemacht, an der Entwicklung teilzu-
nehmen. Diese Expertenrunde bestimmt über die Weiterentwicklung und Erweiterungen der Sprache. Ein Vorschlag zu einer neu-
en Spezifikation wird mit einem Java Specification Request (JSR)
eingereicht, über eine Implementierung wird dann abgestimmt.

6.3 Spezifikationen der Java 2 Micro Edition

Die Entwickler von Sun haben die Java 2 Micro Edition in verschiedene Profile und Konfigurationen unterteilt. Durch die Unter-
teilung ist es möglich, für verschiedene mobile Geräte eine geeig-
nete Java-Version bereitzustellen.

Die Verwendung der Profile und der Konfigurationen hängt von
der bereitgestellten Hardware ab. Ein Profil setzt auf den Konfigurationen auf, um eine Erweiterung der APIs zu ermöglichen.

Die Konfigurationen sind in zwei Geräteklassen unterteilt, zum
einen die Connected Device Configuration (CDC) für Geräte wie
PDAs oder Settop Boxen. Die zweite Konfiguration ist die Connected Limited Device Configuration (CLDC), die für Mobiltelefone
oder Pager benutzt wird. Bei der CLDC existieren zwei verschiedene Versionen.

---

[79] Vgl. Kroll M., Haustein S. 2003, J2ME Developer`s Guide, Seite 22

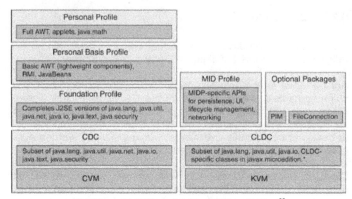

Abbildung 26 Aufbau der Java 2 Micro Edition[80]

Die folgende Tabelle zeigt die Hardware-Anforderungen der beiden CLDC Version und des MIDP Profiles.

Merkmal	CLDC 1.0	CLDC 1.1	MIDP 2.0
Speicher: - ROM - RAM - Persistent	128 kB 32 kB	160 kB 32 kB	256 kB 128 kB 8 kB
Display: - Auflösung - Farbtiefe			96x54 1 Bit
Eingabe			Tastatur oder Touchscreen
Netzwerk	Drahtlos, bidirektionale Kommunikation, geringe Bandbreit, keine permanente Verbindung		
Multimedia			Abspielen von Tönen

Tabelle 1 Vergleich Hardware-Anforderung CLDC und MIDP[81]

[80] http://users.telenet.be/javapda/Profiles%20for%20CDC%20and%20CLDC
.jpg (23.5.2005)
[81] Schmatz K. , 2004. Java 2 Micro Edition, Seite 13

Die Abbildung zeigt die Teilmengen, die auszugsweise der J2SE
Bibliothek entnommen sind.

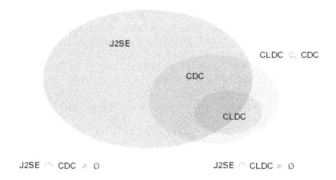

Abbildung 27 Teilmengen der Java-Konfigurationen[82]

6.3.1 Connected Device Configurtion

Connected Device Configuration (CDC) wurde entwickelt, um auf
Settop Boxen, PDAs und Smartphones Java-Programme zu verwenden. Die CDC beinhaltet eine vollständige Java VM, die auf
eine möglichst geringe Speicherplatz-Belegung ausgelegt ist.

Um Speicher zu sparen, wurden einige APIs nicht integriert. Die in
der CDC implementierte Java VM wird auch Compact Virtual Machine kurz CVM genannt. Die CDC benötigt einen 32 Bit Prozessor und mindestens 2 MB freien Speicher. Die Java-Umgebung
benötigt 512 kB und für die Laufzeitumgebung werden zusätzliche
256 kB benötigt. Eine Netzwerkverbindung mit mindestens 9600
bps wird bei dieser Konfiguration vorausgesetzt.

6.3.2 Connected Limited Device Configurtion

Die Connected Limited Device Configuration (CLDC) hat gravie-
rende Einschränkungen. Sie beinhaltet nicht alle Java-Klassen
und ist wesentlich bescheidener was die Hardware-Anforderungen
angeht. Die Zielplattform dieser eingeschränkten Konfiguration
sind Mobiltelefone, Pager und PDAs.

---

[82] http://www2.tw.ibm.com/developerWorks/images/tutorial/wireless/20030717/
configurations.jpg (23.5.2005)

Während die CDC einen 32 Bit Prozessor und mindestens 2 MB Speicher voraussetzt, begnügt sich die CLDC mit einem 16 Bit Prozessor und 160 kB Speicher. Die Java-Umgebung benötigt 128 kB und die Laufzeit-Umgebung weitere 32 kB.

Um diese geringen Hardware-Anforderungen zu erreichen, wird hier die Kilobyte Virtual Machine (KVM) eingesetzt. Durch den Einsatz der KVM wird der Funktionsumfang eingeschränkt und nur spezielle Bibliotheken eingebunden. Eine Einschränkung der CLDC 1.0 ist die fehlende Unterstützung für Fließkomma-Operationen, diese wird erst mit der CLDC 1.1 unterstützt.

Die CLDC 1.1 wurde entwickelt, um neue Hardware besser nutzen zu können. Nicht nur im Personal Computer-Bereich werden die Prozessoren immer leistungsfähiger, auch das Mobiltelefon profitiert von dieser Entwicklung.

Einschränkungen des Java-Funktionsumfangs durch die CLDC[83]:

- Keine Fließkomma-Zahlen (nur CLDC 1.0)
- Keine Reflection
- Keine Finalisierung
- Keine „Weak-References"
- Vereinfachte Fehlerbehandlung
- Keine Thread-Gruppen und Dämon-Threads
- Keine Unterstützung für das Java Native Interface (JNI)
- Keine benutzerdefinierten Klassenlader

6.3.3 Profile

Profile setzen auf den Konfigurationen auf und erweitern den Funktionsumfang der Konfigurationen für spezielle Gerätegruppen.

Das Mobile Information Device Profile (MIDP) setzt auf der CLDC Konfiguration auf und ist speziell für Mobiltelefone gedacht. Das MIDP beinhaltet verschiedene Erweiterungen, die die Programmierung eines Mobiltelefons vereinfachen sollen. Eine Auswahl an verschiedenen Paketen der MIDP ist in der folgenden Tabelle aufgelistet.

---

[83] Kroll M., Haustein S. 2003, J2ME Developer`s Guide, Seite 47

Pakete	Inhalt
Javax.microedition.lcdui	Das Lowes Common Denominator User Interface (LCDUI) unterstützt die Implementierung von Bedienoberflächen.
Javax.microedition.lcdui.game	Das Game API vereinfacht die Programmierung von 2D-Spielen.
Javax.microedition.rms	Das Record Management System (RMS) ist eine einfache, satzorientierte Datenbankschnittstelle, über die sich persistent Daten im Endgerät verwalten lassen.

Tabelle 2 Ausgewählte Pakete im MIDP [84]

Die Pakete sind speziell für Mobiltelefone entwickelt worden. Bei einem Mobiltelefon werden besondere Anforderungen an das User Interface gestellt, da nur mit kleinen Displays gearbeitet werden kann.

Eine weitere Besonderheit bei Handys ist die persistente Speicherung von Daten, da in der Regel kein Dateisystem existiert. In einem Mobiltelefon werden Daten in gepufferten RAM-Bereichen oder im Flash-Speicher abgelegt.

Das MIDP stellt nicht nur Methoden zur Programmierung bereit, es werden auch sogenannte MIDlets beschrieben. Ein MIDlet ist vergleichbar mit einem Java-Applet, ein kleines Mini-Programm, das in einer Sandbox läuft. Das MIDP legt nicht nur den Ablauf der Programme fest, sondern stellt auch Definitionen bereit, um Anwendungen zu installieren.

Während das MIDP für Mobiltelefone gedacht ist, wird das Information Module Profile (IMP) für Automaten oder Ortungseinheiten eingesetzt. Mit diesem Profil lassen sich z.B. Getränkeautomaten herstellen, die telefonisch Nachschub ordern. [85]

6.3.4 MIDlets

MIDlets sind kleine Programme, die auf einem mobilen Endgerät ausgeführt werden können. MIDlets sind beschrieben durch das MIDP Profil und setzen die CLDC voraus.

---

[84] Schmatz K. , 2004. Java 2 Micro Edition, Seite 22
[85] Vgl. Schmatz K. , 2004. Java 2 Micro Edition, Seite 9

Ein MIDlet ist ein Mini-Programm, das in einem speziellen Speicherbereich läuft. Ähnlich wie ein Java-Applet wird das MIDlet in
einer Sandbox ausgeführt. Ein MIDlet hat keinen direkten Zugriff
auf das Mobiltelefon, es ist nicht möglich auf das Adressbuch zuzugreifen. Diese Funktion ist nur möglich durch das Einbinden zu-
sätzlicher Bibliotheken.

Ein MIDlet hat vier Phasen der Ausführung:

- Loaded
- Active
- Paused
- Destroyed

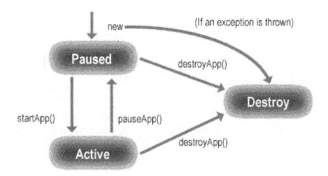

Abbildung 28 Zustände eines MIDlets[86]

Ein MIDlet muss diese Methoden implementieren, damit der Programm-Manager eine Zustandsübergabe einleiten kann.

- StartApp()
- PauseApp()
- DestroyApp()

Wird ein MIDlet aufgerufen, befindet es sich im Zustand loaded.
Wird vom Programm-Manager die Methode paused aufgerufen,
pausiert das MIDlet. Bei Aufruf von destroy wird das Programm
beendet.

---

[86] http://www2.tw.ibm.com/developerWorks/images/tutorial/java/tutorial/
t20040223/image1.gif (20.5.2005)

Die Grundstruktur eines MIDlets ohne Funktion sieht wie folgt aus:

```
public class MIDletTest extends MIDlet {

public MIDletBeispiel()
{}

public void startApp()
{}

public void pauseApp()
{}

public void destroyApp(boolean unconditional)
{}

}
```

Um ein MIDlet installieren zu können, muss es zu einer MIDlet-Suite gehören. Zu der Suite können ein oder mehrere MIDlet zugehörig sein. Programme, die zu der Suite gehören, können alle auf den gleichen Datenbestand zugreifen und bilden eine Einheit.

Eine MIDlet-Suite setzt sich zusammen aus[87]:

- Präverifizierten .class Dateien der MIDlets
- Ggf. weiteren Ressourcen wie Icon oder Grafiken
- Einer Manifest-Datei, in der Meta-Informationen zu dem MIDlet stehen

6.3.5 Installation von Programmen

Die Installation von Anwendungen auf einem Mobiltelefon ist wesentlich einfacher als bei einem Personal Computer.

Die verbreiteste Art, ein Programm auf ein Telefon zu spielen, ist das Downloaden über eine Online-Verbindung. Programme können auch über Bluetooth, Infrarot oder ein Datenkabel auf das Gerät geladen werden. Eine Installation mit einem Assistenten ist nicht nötig. Programme werden im Gerät abgelegt und nach dem Aufspielen in einer Liste angezeigt. Ein Programm kann dann direkt gestartet werden, wenn der Benutzer es in der Liste auswählt. Soll ein Programm entfernt werden, wird über eine Dialogbox die Anwendung gelöscht.

---

[87] Schmatz K. , 2004. Java 2 Micro Edition, Seite 23

Der Java Application Manager (JAM) wurde entwickelt, um das Aufspielen von Anwendungen zu vereinfachen. Die folgenden Aufgaben werden von ihm bereitgestellt:

- Installation von Anwendungen
- Ausführen von Anwendungen
- Updaten von Anwendungen
- Entfernen von Anwendungen

Ein Java MIDlet besteht aus zwei Dateien, zum einen einer Jar-Datei, die die eigentliche Anwendung enthält. Die zweite Datei ist die Anwendungsbeschreibungs-Datei. Diese nennt sich Java Application Descriptor und hat das Kürzel Jad.

Die Jad-Datei enthält Informationen über die Anwendung. In der Datei steht z.B. der Name der Anwendung, die Größe und die MIDlet-Version. In der nachfolgenden Tabelle werden die benötigten Attribute aufgeführt.

Attributname	Beschreibung
MIDlet-Name	Name der MIDlet-Suite
MIDlet-Version	Versionsnummer der MIDlet-Suite
MIDlet-Vendor	Hersteller der MIDlet-Suite
MIDlet-Jar-URL	URL unter der die Jar-Datei heruntergeladen werden kann
MIDlet-Jar-Size	Größe der Jar-Datei in Byte
MicroEdition-Profile	Das J2ME-Profil,das benötigt wird, um die MIDlets auszuführen
MicroEdition-Configuration	Die J2ME-Konfiguration, die benötigt wird, um die MIDlets auszuführen
MIDlet -<Nummer>	Für jedes MIDlet einer Suite wird ein separater Eintrag MIDlet-<Nummer> benötigt, wobei <Nummer> durch eine Zahl von 1 bis zu Anzahl der MIDlets der Suite ersetzt werden muss. Der Eintrag für das erste MIDlet ist also MIDlet-1, für das zweite MIDlet-2 usw. Der Wert des Attributs MIDlet-<Nummer> besteht aus drei Parametern: <MIDlet-Nummer>: <Name>, <Symbol>, <Klasse>

Tabelle 3 In MIDP erforderliche Jad-Attribute [88]

Bei der Installation einer Anwendung werden zwei Dateien benötigt, die Jad- und die Jar-Datei. Wird die Anwendung auf das Gerät geladen, wird die Jad-Datei ausgewertet. Bei einer positiven Rückmeldung wird die Jar-Datei ebenfalls heruntergeladen und auf das Gerät überspielt. Wenn eine negative Rückmeldung gemeldet wird, kann die Software nicht installiert werden und die Jar-

---

[88] Schmatz K. , 2004. Java 2 Micro Edition,Seite 56

Datei wird nicht übertragen. Ein Grund für einen Abbruch kann die
Inkompatibilität zu einem Profil oder einer Konfiguration sein.

Listing 2 Beispiel einer Jad-Datei

```
MIDlet-Name: TestAnwendung
MIDlet-Version: 1.0
MIDlet Vendor: Hersteller
MIDlet-Description: Eine Test Anwendung
MIDlet-Info-URL: http://
MIDlet-Data-Size: 500
MIDlet-1: TestAnwendung, /icons/test.png, KlasseTest
MicroEdition-Profile: MIDP-1.0
MicroEdition-Configuration: CLDC-1.0
```

6.4 Programmierung von MIDlets

Die Programmierung mobiler Geräte unterliegt einigen Besonder-
heiten. Sinnvoll ist die Entwicklung der Anwendungen auf einem
Emulator, direkt auf dem Personal Computer. So entfällt das Aufladen nach jeder Änderung auf das Mobiltelefon.

Sun bietet zur Entwicklung von Java2ME-Anwendung das Wireless Toolkit an, dieses kann kostenlos bei Sun heruntergeladen
werden.

6.4.1 Das Wireless Toolkit

Das von Sun bereitgestellte Java Wireless Toolkit (WTK) ist ein
Projektverwaltungs-Werkzeug, mit dessen Hilfe einfach und
schnell MIDlets erstellt werden können.

Um mit dem WTK arbeiten zu können, wird eine installierte Java-
Plattform benötigt. Die speziellen MIDP-Bibliotheken sind in das
Tool integriert. Es handelt sich allerdings nicht um eine komplette
Entwicklungsumgebung. Das WTK stellt dem Entwickler Werk-
zeuge zur Verfügung, mit denen das Übersetzen, Paketieren und
Ausführen von MIDlets möglich ist.

Ein Editor oder Debugger ist nicht enthalten. Zum Erstellen von
Anwendungen kann ein einfacher Texteditor oder eine Entwicklungsumgebung wie Forte genutzt werden. Mit dem WTK ist es
möglich, Projekte zu erstellen. Aus den Projekten werden die für
ein MIDlet nötigen Dateien generiert.

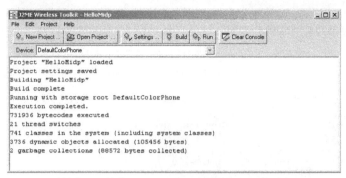

Abbildung 29 Screenshot des J2ME Wireless Toolkit

Hat man den Quellcode erstellt und in ein Projekt eingefügt, kann nun der Build Button gedrückt werden. Das Programm kompiliert die Anwendungen nicht nur, es erstellt auch die nötigen Jad- und Jar-Dateien.

Um die Anwendung auszuprobieren, wird ein Emulator mitgeliefert in dem das MIDlet lauffähig ist.

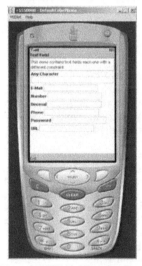

Abbildung 30 WTK Mobiltelefon-Emulator

Um die Entwicklung zu vereinfachen, kann das WTK in Entwicklungsumgebungen wie Forte oder den Jbuilder eingefügt werden.

Als Alternativen zu dem von Sun bereitgestellten Werkzeug kann man den CodeWarrior Wireless Studio von Metrowerks oder das Nokias Developer`s Suite für Java 2 Platform Micro Edition verwenden. Für den professionellen Einsatz bietet sich auch das Sun Java Studio Mobility Entwicklungswerkzeug an, dieses ist wesentlich umfangreicher als das WTK und ebenfalls als kostenlose Version verfügbar.

6.4.2 Beispiel eines MIDlets

Das Beispiel eines einfachen MIDlets soll die Funktionsweise und den Aufbau von MIDlets verdeutlichen. In diesem Beispiel[89] sind verschiedene Elemente einer grafischen Oberfläche enthalten. Ein Command-Ereignis, um das Programm zu beenden, ist ebenfalls eingebunden.

Die in einem Java-Programm enthaltene main-Methode, existiert bei einem MIDlet nicht. Die drei Methoden startApp, pauseApp und DestroyApp müssen implementiert werden.

Abbildung 31 Ausgabe HelloMidlet [90]

Als erster Schritt werden die benötigten Bibliotheken importiert. In diesem Beispiel sind zwei notwendig, zum einen die allgemeinen MIDlet-Bibliotheken und zum anderen die Lcdui-Bibliotheken für die grafische Oberfläche.

```
import javax.microedition.midlet.*;
import javax.microedition.lcdui.*;
```

Das MIDlet wird von der Klasse MIDlet abgeleitet und implementiert einen CommandListener. Die beiden Variablen Display für

---

[89] Galileocomputing.de, Java ist auch eine Insel
[90] http://www.galileocomputing.de/openbook/javainsel3/javainsel_190010.htm# bild1 (25.5.2005)

die Ausgabe und eine Command-Variable werden angelegt. Die exitCommand Variable vom Typ Command wird für die Benutzer Interaktion benötigt.

```
public class HelloMIDlet extends MIDlet implements
CommandListener {
    private Command exitCommand;
    private Display display;
```

Im Konstruktor HelloMIDlet wird mit der Methode getDisplay() ein Display erstellt. Das exitCommand wird initialisiert und bekommt seine Eigenschaften zugewiesen.

```
public HelloMIDlet() {
    display = Display.getDisplay( this );
    exitCommand = new Command( "Exit", Command.SCREEN, 2 );
}
```

Die Methode startApp() wird beim Starten der Applikation ausgeführt. Die Benutzeroberfläche mit den verschiedenen Elementen wird hier erzeugt. Das erste Element ist eine TextBox, diese bekommt die Überschrift Hello MIDlet und den Inhalt Wireless Internet zugewiesen. Alle anderen Elemente werden jetzt zu der TextBox hinzugefügt. Das Command-Ereignis und der CommandListener werden der TextBox hinzugefügt, um auf eine Eingabe reagieren zu können. SetTicker erstellt eine Laufschrift, die den Text „J2ME is cool" enthält. Um eine Ausgabe auf dem Bildschirm zu erzeugen, wird der Befehl display.setCurrent ausgeführt.

```
public void startApp()    {
    TextBox t = new TextBox( "Hello MIDlet", "Wireless
Internet", 256, 0 );
    t.addCommand( exitCommand );
    t.setCommandListener( this );
    t.setTicker( new Ticker("J2ME is cool") );
    display.setCurrent( t );
}
```

Die beiden Methoden pauseApp und destroyApp bleiben ohne Inhalt.

```
public void pauseApp() { }

public void destroyApp( boolean b ) { }
```

Die Methode commandAction beinhaltet die Funktion zum Beenden des Programms. Mit einer if-Schleife wird geprüft, ob der Schalter „Exit" gedrückt worden ist. Wurde auf den Schalter gedrückt, wird die Methode destroyApp() aufgerufen und das Programm beendet. Zusätzlich wird der Programm-Manager über die Methode notifyDestroyed() über das Beenden informiert.

```
public void commandAction( Command c, Displayable s )
{
  if ( c == exitCommand )
  {
    destroyApp( false );
    notifyDestroyed();
  }
}
}
```

6.4.3 Persistent Datenspeichern

Um Daten in einem Mobiltelefon zu speichern, steht in der Regel keine Festplatte mit Dateisystem zur Verfügung. Mobile Geräte bedienen sich Flash- oder batterie-gepuffertem Speicher, der resistent gegen Erschütterungen ist. Eine einheitliche Art der Speicherung der Daten ist so nicht möglich. Die verschiedenen Geräte verwenden, je nach Speichermedium, andere Techniken zur Verwaltung der Information.

Um dennoch möglichst einfach Daten zu speichern, wurde das Record Store Management System (RMS) entwickelt. Das RMS befindet sich in der Klasse javax.microedition.rms und stellt eine kleine Datenbank zur Verfügung. Die Daten in der RMS werden als Byte Arrays gespeichert und können in ihrer Länge variieren. Die Datensätze werden jeweils mit einer eindeutigen Nummer gespeichert, um die Daten adressieren zu können. Der Name eines Record Stores muß eindeutig sein, es wird zwischen Groß- und Kleinschreibung unterschieden. Der Name darf 32 Zeichen nicht überschreiten.

Jede MIDlet-Suite kann mindestens 5 Record Stores beinhalten. Bei MIDP 1.0 sind die Record Stores nur innerhalb einer MIDlet-Suite sichtbar. Ein MIDlet kann nicht auf die Daten einer anderen MIDlet-Suite zugreifen. In der MIDP Version 2.0 ist es möglich Zugriffsrechte zu definieren, die Rechte können lesend oder schreibend vergeben werden.

Das RMS bietet keine Möglichkeit von Transaktionen oder Locking-Funktionen. Der Programmierer ist für die Sicherheit der Daten selbst verantwortlich. Wird eine Aktion im RMS ausgeführt, ist diese atomar.

Die Klasse RMS stellt die folgenden Methoden bereit, um Record Stores zu manipulieren:

- `GetRecordStore`, lesen
- `SetRecordStore`, ändern
- `AddRecordStore`, hinzufügen
- `DeleteRecordStore`, löschen

Ein kleines Beispiel[91] soll die Funktionsweise des RMS verdeutlichen.

Ein Record Store mit dem Namen Daten wird geöffnet oder erstellt, wenn nicht vorhanden. Wird in der Funktion die Variable false angegeben, wird das Record Store nicht erstellt.

```
RecordStore rs = RecordStore.openRecordStore ("Daten", true
);
```

Ein Byte Array wird erstellt und die Daten eingelesen. Das Byte Array wird benötigt, um im nächsten Schritt die Daten in das Record schreiben zu können.

```
byte speichern[] = "Ulli".getBytes();
```

Die Daten werden in das Record geschrieben, die Funktion gibt einen Integer Wert mit der Record ID zurück.

```
int id = rs.addRecord (speichern, 0, speichern.length);
```

Ein zweites Byte Array wird erzeugt, es dient als Puffer um die Daten aus dem Record zu speichern.

```
byte holen[] = new byte[100];
```

Das Record wird mit Hilfe der ID ausgelesen und in das Byte Array „holen" geschrieben. Die Funktion liefert die Länge des gelesenen Datensatzes als integer Variable zurück.

```
int gelesen = rs.getRecord( id, holen, 0 );
```

---

[91] Galileocomputing.de, Java ist auch eine Insel

Weitere Funktionen sind das Anhängen und das Ändern eines Datensatzes. Record Stores werden automatisch entfernt, wenn die entsprechende Anwendung gelöscht wird.

- Anhängen eines Datensatzes:

```
Byte[] record = „Text".getBytes();

int id = store.addRecord(record,0,record.lenght);
```

- Ändern eines Datensatzes:

```
store.setRecord(id,record,0,record.lenght);
```

7   Sicherheit von mobilen Endgeräten

Viren stellen für Personal Computer eine immer größere Gefahr dar. Insbesondere für Windows existieren unzählige Schädlinge, die den Computer infizieren können. Durch die Möglichkeit der Programmierung von Mobiltelefonen sind diese nun auch bedroht. Allerdings sind hier nicht alle Geräte betroffen, sondern hauptsächlich Smartphones.

7.1 Viren und Symbian OS

Durch die weite Verbreitung von Symbian OS haben es die Viren-Programmierer besonders auf dieses System abgesehen. Cabir war der erste Virus für Mobiltelefone und infizierte im Juni 2004[92] die ersten Geräte. Cabir sucht nach anderen Geräten die Bluetooth aktiviert haben und verschickt sich an diese Geräte. Der Benutzer des anderen Gerätes bekommt eine Meldung und wird gefragt, ob die Datei Caribe.sis installiert werden soll. Der Virus richtet keinen Schaden an, er wurde programmiert, um zu demonstrieren, dass eine Infektion von Symbian OS-Geräten möglich ist.

Ein Virus, der das Telefon außer Betrieb setzt und alle Daten unbrauchbar macht ist Fontal.A. Direkt nach der Installation zerstört der Virus den Application-Manager, um eine Deinstallation unmöglich zu machen. Der größte Schaden wird durch das Installieren eines defekten Font Files verursacht, welches das Einschalten des Telefons unmöglich macht. Die einzige Möglichkeit, ein befallenes Telefon zu retten, ist das Neuaufspielen der Firmware, alle Daten sind dann verloren.[93]

Bei einem Mobiltelefon kann nicht nur der Datenverlust sehr ärgerlich sein, sondern auch der Versand von teuren MMS-Nachrichten. Einer der Viren, die sich per MMS versuchen zu verbreiten ist Commwarrior.A. Der Virus versucht, sich an alle Einträge im Adressbuch zu verschicken. Um sich mit dem Virus zu infizieren, muss der Benutzer die Installation bestätigen. Commwarrior.A nimmt keine Änderungen an den Geräten vor, verursacht durch das Senden von MMS-Nachrichten allerdings hohe Kosten.[94]

---

[92] F-Secure, Cabir - The first mobile virus
[93] Vgl. F-Secure Virus Descriptions : Fontal.A
[94] Vgl. F-Secure Virus Descriptions : Commwarrior.A

7.2 F-Secure Mobile Anti-Virus

Um Mobiltelefone vor Viren zu schützen, wurde die Software Mobile Anti-Virus von F-Secure entwickelt. Die Software wird auf dem Mobiltelefon installiert, Symbian OS und Windows Mobile werden als Betriebssysteme unterstützt. Das Programm funktioniert so wie ein Virenprogramm auf einem Personal Computer. Es besteht die Möglichkeit, mit dem Programm im Echtzeit Scan-Modus alle Daten, auf die ein Zugriff erfolgt, prüfen zu lassen. Ein manueller Scan ist ebenfalls möglich. Um die Viren-Definitionen immer aktuell zu halten, wird ein Update-Dienst über das Internet angeboten.

8 Zusammenfassung und Ausblick

In dieser Arbeit wurden die wichtigsten auf dem Markt befindlichen Betriebssysteme und Möglichkeiten der Programmierung vorgestellt. Bei den mobilen Betriebssystemen für Smartphones, ist Symbian OS derzeit der Marktführer. Bei der Programmierung findet Java eine immer größere Verbreitung, da es plattformunabhängig ist. Aus diesen Gründen wird auf beide Technologien besonders eingegangen. Ziel dieser Arbeit ist die Einführung in die Thematik der mobilen Endgeräte. Weniger die genauen technischen Details aller Systeme, sondern vielmehr der Überblick stehen im Vordergrund.

Symbian OS ist das einzige Betriebssystem, was von Grund auf für Mobiltelefone entwickelt worden ist. Ursprünglich als Gemeinschaft vieler Hersteller gedacht, stellt Nokia mittlerweile fast die Hälfte der Anteile an Symbian. Symbian ist derzeit das mit Abstand am Markt verbreiteste Betriebssystem. Die am Konsortium beteiligten Unternehmen können zwar Einfluss auf die Entwicklung nehmen, elementare System-Eigenschaften können allerdings nicht ohne weiteres geändert werden. Eigens für Symbian entwickelte Anwendungen in C++ müssen mit hohem Aufwand für das System geschrieben werden. An der Position des Marktführers wird sich die nächsten ein bis zwei Jahre vorrausichtlich nichts ändern. Die Systeme sind ausgereift und auf vielen Mobiltelefonen, vor allem beim Marktführer Nokia, im Einsatz.

Microsoft wollte mit Windows CE einen möglichst breiten Markt abdecken. Durch die Modularisierung lässt sich ein eigenes speziell auf die Hardware abgestimmtes Betriebssystem erstellen. Durch die an Windows angepasste Benutzerroberfläche kann der Anwender sich schnell zurechtfinden. Die Abhängigkeit von Microsoft dürfte allerdings viele Hersteller abschrecken. Geräte-Hersteller haben allerdings keine Möglichkeiten, ihren eigenen Look and Feel auf das Gerät zu bringen. Eine hohe Hardware-Anforderung und die nicht speziell für das Handy entwickelte Software sprechen gegen Windows auf Mobiltelefonen. Allerdings wird Microsoft vorrausichtlich nicht untätig bleiben, um auf dem Markt erfolgreich zu sein.

Linux erfreut sich schon seit längerem einer großen Beliebtheit, mittlerweile steht es auch auf dem Mobiltelefon zur Verfügung. Einer der großen Vorteile von Linux ist die freie Verfügbarkeit des Quellcodes. Die Anpassung jeder Komponente des Betriebssystems ist so möglich. Linux ist seit mehreren Jahren stabil auf Personal Computern und Servern im Einsatz. Programmierer die mit Linux vertraut sind und Anwendungen für das System existieren bereits. Im Gegensatz zu den anderen Betriebssystemen, bei denen zwei Prozessoren nötig sind, benötigt Linux nur einen. Dies macht es möglich, Linux auch auf Telefonen der mittleren Preisklasse zu verwenden. Linux wird auf längere Sicht eine immer größere Rolle spielen. Gerade im asiatischen Raum sind bereits heute einige Mobiltelefone mit Linux auf dem Markt. Unter anderem setzen Motorola, China Mobile, Samsung und NTTDoCOMo auf das mobile Linux. Die Aussicht, auch kostengünstige Geräte im mittleren Preissegment mit Linux zu entwerfen, könnte ein entscheidender Vorteil von Linux werden. Die Modularität und die Möglichkeit, alles an dem Betriebssystem verändern zu können, bringt den Geräte-Herstellern eine hohe Flexibilität. Selbst Nokia, Anteilseigner der Hälfte an Symbian, verwendet für das Nokia 770 Internet Table Linux als Betriebssystem.

Bei einigen Herstellern setzt sich der Trend durch, mehrere Betriebssysteme anzubieten. Bei einigen Geräten kann das installierte Betriebssystem gewählt werden, da die Geräte mit mehreren Systemen kompatibel sind. Es ist davon auszugehen, dass zwei bis drei Systeme den Markt unter sich aufteilen. Gerade die neuen UMTS-Telefone stellen höchste Anforderungen an das Betriebssystem. Hier wird sich in den nächsten Jahren zeigen, welche Betriebssysteme diese Anforderungen am besten bewerkstelligen.

Bei der Programmierung der Endgeräte ist eine Unterscheidung der Gerätetypen vorzunehmen. Während normale Mobiltelefone nur die Möglichkeit besitzen, Java-Programme auszuführen, können auf Smartphones auch andere Sprachen verwendet werden. Bei letzterem sind die Programme allerdings nur auf den Geräten mit dem entsprechenden Betriebssystem und der Prozessor-Kombination lauffähig, für die entwickelt wurde.

Bei der Programmierung der Geräte sind die beiden Programmiersprachen Java und C++ die Gängigsten. Während Java den großen Vorteil besitzt prinzipiell auf jedem Gerät mit Java Runtime zu laufen, müssen Programme in C++ speziell für eine Plattform entwickelt werden. Der Vorteil der Plattform-Unabhängigkeit bringt allerdings Nachteile bei Performance und der Funktionalität. Mittels Java lassen sich so z.B. nicht auf alle Mobiltelefon-Funktionen zugreifen und eine hardwarenahe Entwicklung ist ebenfalls nicht möglich. Durch die JSR-Erweiterungen, die nicht auf allen Mobiltelefonen vorhanden sind, besteht die Gefahr der Inkompatibilität.

Die Programmierung von Java gestaltet sich wesentlich einfacher als die von C++. Gerade bei Symbian-Systemen ist die Erstellung eines Programms in C++ mit grafischer Oberfläche sehr aufwendig.

Java wird wohl für kleinere Programme und Spiele die führende Sprache bleiben. C++ stellt allerdings sehr viel mehr Möglichkeiten zur Verfügung, um umfangreichere Programme zu schreiben. Dies liegt allerdings auch an der Hardware, C++ Programme sind nur auf den teureren Smartphones lauffähig.

Mit Python lassen sich einfach und schnell Programme schreiben. Gerade für kleinere Programme oder im privaten Bereich könnte Python zum Einsatz kommen. Für umfangreichere Anwendungen ist die Sprache nur bedingt geeignet. Mit Python ist eine systemnahe Programmierung möglich, was die Erstellung von Viren begünstigt. Eine weite Verbreitung wird allerdings erst möglich, wenn Python ohne Installation direkt von den Geräten unterstützt wird.

Viren sind derzeit nur beschränkt eine Gefahr für Mobiltelefone. Betroffen von der Virengefahr sind derzeit nur Smartphones mit dem Betriebssystem Symbian OS. Damit ein Virus sich installieren kann, muss der Benutzer seine Einwilligung geben, hier ist also Vorsicht geboten. Es ist allerdings die Frage, ob Viren in Zukunft nicht Möglichkeiten finden, Geräte ohne Rückfrage zu infizieren. Die Hersteller sind hier gefordert, durch Sicherheitsmechanismen den Viren keine Chance zu geben, sich auf den Geräten zu verbreiten.

9 Quellen

9.1 Literatur

Claus V. und Schwill A. Duden Informatik, 3.Auflage, Dudenverlag, Mannheim, 2001

Frei M. , Stunder B. : MIDlets ganz easy, in: Java Magazin 4 2005 S.68 –77

Gerlicher A. Symbian OS Eine Einführung in die Anwendungsentwicklung. Dpunkt Verlag Heidelberg, 2004

Hansmann U. Pervasive Computing Handbook, Springer-Verlag, Berlin 2003

Kroll M. , Haustein S. J2ME Developer`s Guide, Markt +Technik Verlag München, 2003

Lipinski, K. Handlexikon der Informationstechnologie, mitp-Verlag, Bonn, 2004

Schmatz K. Java 2 Micro Edition, Dpunkt Verlag Heidelberg , 2004

Schneider, U. und Werner, D. Taschenbuch der Informatik, 4.Auflage, Fachbuchverlag Leipzig im Carl Hansa Verlag, München, 2001

9.2 Internet

Areamobile, News, Normandy: exotisches QTopia-Smartphone
http://www.areamobile.de/news/2554.html(29.7.2005)

At-mix.de , Thread
http://www.at-mix.de/thread.htm (20.6.2005)

Devooght D. Betriebssysteme für mobile Systeme, Universität
Koblenz-Landau Institut für Softwaretechnik, Koblenz, 2003
http://uni-koblenz.de/~agrt/lehre/ss2003/seminar/ de-
nis_devooght.pdf (9.5.2005)

Eckstein M., Xonio.com, Brot fürs Bewegtbild, 2005
http://www.xonio.com/features/feature_unterseite_12483432.html
(3.6.2005)

F-Secure, Cabir - The first mobile virus
http://www.f-secure.com/wireless/news/items/
news_2005033100.shtml (9.8.2005)

F-Secure, Virus Descriptions : Commwarrior.A
http://www.f-secure.com/v-descs/commwarrior.shtml (9.8.2005)

F-Secure, Virus Descriptions : Fontal.A
http://www.f-secure.com/v-descs/fontal_a.shtml (9.8.2005)

F-Secure, Benutzerhandbuch Mobile Anti-Virus for Series 60
http://www.f-secure.com/download-
purchase/manuals/docs/manual/fsmavs60/fsmavs60_ger.pdf
(10.7.2005)

Galileocomputing.de, Java ist auch eine Insel
http://www.galileocomputing.de/openbook/javainsel4/javainsel_19
_009.htm#Rxx365java19009040007E21F01F10D (9.5.2005)

Gerlicher A., Symbian OS Betriebssysteme für Smartphones,
2004,http://fb1.hdm-stuttgart.de/skripte/Mobile_Applications/
WS0405/symbian.pdf (30.5.2005)

Heise.de, Nokia verdiente trotz Handy-Rekordverkaufs 2004 weniger, http://www.heise.de/newsticker/meldung/55611 (27.1.2005)

Heise.de, Motorola stellt Linux-basiertes Multimedia-Handy E680i
vor, http://www.heise.de/mobil/newsticker/meldung/57945
(15.7.2005)

Huber S., Fachhochschule Aargau, Seminar Symbian OS, 2005
http://www.cs.fh-aargau.ch/~gruntz/courses/sem/ws04/ Seminar-
arbeit_SymbianOS.pdf (30.5.2005)

Jamba, Handy Spiele
http://www.jamba.de/dcw/goto/spiele/handy?jlvp=%2Fdcw%2Fgot
o%2Fspiele%2Fhandy (6.6.2005)

Java.Sun.com, Java 2 Platform, Micro Edition (J2ME); JSR 68
Overview, http://java.sun.com/j2me/overview.html (6.6.2005)

Lehrbaum J., Mobilinux Technologies for Feature Phones
http://www.freescale.com/files/ftf_2005/doc/reports_presentations/
wcl653_lehrbaum.pdf (24.7.2005)

Motorola GmbH, Hintergrund: Handy-Betriebssysteme
http://www.motorola.com/mot/doc/1/1095_MotDoc.pdf (15.5.2005)

Montavista, Motorola Phones run MontaVista Linux
http://www.mvista.com/dswp/stories/motorola.html (10.6.2005)

Montavista, MontaVista Software Delivers Freedom and Flexibility
To Mobile Phone Industry
http://www.mobilinux.com/news/pr_mobilinux.html (20.7.2005)

Nokia Deutschland, Modellübersicht Nokia 5110
http://www.nokia.de/de/mobiltelefone/modelluebersicht/5110/funkti
onen/12634.html (6.5.2005)

Nokia Deutschland, Modellübersicht Nokia 7650
http://www.nokia.de/de/mobiltelefone/modelluebersicht/7650/starts
eite/ 2886.html (30.5.2005)

Nokia , Forum Nokia , Device Details Nokia 7650
http://www.forum.nokia.com/main/0,,018-
2086,00.html?model=7650 (20.6.2005)

Nokia, Forum Nokia, Programming_with_Python_1_1_5.pdf
http://sw.nokia.com/id/2e9b3537-8b59-404b-a7bd-
6e160282057d/PythonForSeries60_1_1_5_Docs (6.7.2005)

Nokia, Forum Nokia, Getting_Started_with_Python_1_1_5.pdf
http://sw.nokia.com/id/2e9b3537-8b59-404b-a7bd-
6e160282057d/PythonForSeries60_1_1_5_Docs (6.7.2005)

Nokia, Forum Nokia, Datasheet of Python for Series 60
http://www.forum.nokia.com/info/sw.nokia.com/id/240b023f-da06-
412e-b0d7-779445775674/DS_Series_60_Python.pdf.html
(6.7.2005)

Objectweb.org, Mail4ME
http://mail4me.objectweb.org/software/downloads/ (6.6.2005)

Regwireless.com, Download Webviewer
http://www.reqwireless.com/download-webviewer.html (6.6.2005)

Symbian, About Us - History
http://www.symbian.com/about/history.html (30.5.2005)

Symbian, Technology, Symbian OS Version 9.1 functional description, http://www.symbian.com/technology/symbos-v91-det.html
(13.6.2005)

Symbian, Technology, Creating Symbian OS phones
http://www.symbian.com/technology/create-symb-OS-phones.html
(22.6.2005)

Sparkasse KölnBonn, Handy Banking
https://www.sparkasse-koelnbonn.de/koeln/privatkunden/sdirekt/
sdirektonline/handybanking (6.6.2005)

Smartsam.de, Vorsprung ausgebaut
http://smartsam.de/shownews.php?news_id=597 (10.6.2005)

Trolltech, Qtopia Phone Whitepaper
http://www.trolltech.com/pdf/whitepapers/qtpia_phone_whitepaper.
pdf (24.6.2005)

Wartala R. : Schlangenbewegt in: iX 6 2005
http://www.heise.de/ix/artikel/2005/06/128/ (6.7.2005)

Wikipedia, Wikimedia Fondation, St. Petersburg USA
http://de.wikipedia.org/wiki/ITRON (28.2.2005)

Wikipedia, Wikimedia Fondation, St. Petersburg USA
http://de.wikipedia.org/wiki/ Geschichte_von_Linux (5.8.2005)

Wikipedia, Wikimedia Fondation, St. Petersburg USA
http://de.wikipedia.org/wiki/Personal_Information_Management
(14.6.2005)

Wikipedia, Wikimedia Fondation, St. Petersburg USA
http://de.wikipedia.org/wiki/Pocket_PC (16.7.2005)

Wikipedia, Wikimedia Fondation, St. Petersburg USA
http://de.wikipedia.org/wiki/Psion (30.5.2005)

Wikipedia, Wikimedia Fondation, St. Petersburg USA
http://de.wikipedia.org/wiki/Python_(Programmiersprache)
(27.6.2005)

Xonio.com, Windows im Handyformat
http://www.xonio.com/features/features_15009527.html
(18.7.2005)

Anhang A

Dieses Beispiel[95] gibt Hello World mit Hilfe der grafischen Benutzeroberfläche aus. Das Beispiel enthält folgende Dateien:

- ChalloWeltApp.cpp
- ChalloWeltAppUi.cpp
- ChalloWeltContainer.cpp
- ChalloWeltDocument.cpp
- Hallowelt.hrh
- hallowelt.loc
- HalloWeltApp.h
- HalloWeltAppUi.h
- HalloWeltContainer.h
- HalloWeltDocument.h

Listing 3 ChalloWeltApp.cpp

```
/*
*
==============================================================*
Name      : CHalloWeltApp from HalloWeltApp.cpp
* Part of  : HalloWelt
* Created  : 01.06.2003 by Ansgar Gerlicher
* Implementation notes:
*
*     Initial content was generated by Series 60 AppWizard.
* Version  :
* Copyright: Ansgar Gerlicher 2003
*
==============================================================*
/

// INCLUDE FILES
#include    "HalloWeltApp.h"
#include    "HalloWeltDocument.h"


// ================= MEMBER FUNCTIONS

// -------------------------------------------------
// CHalloWeltApp::AppDllUid()
// Returns application UID
// -------------------------------------------------
//
TUid CHalloWeltApp::AppDllUid() const
    {
    return KUidHalloWelt;
    }


// ----------------------------------------------------------
// CHalloWeltApp::CreateDocumentL()
// Creates CHalloWeltDocument object
// ----------------------------------------------------------
//
CApaDocument* CHalloWeltApp::CreateDocumentL()
```

---

[95] http://solutionsoftware.de/Kap2/helloWorldGUISeries60.zip

```
    {
    return CHalloWeltDocument::NewL( *this );
    }

// ================= OTHER EXPORTED FUNCTIONS
//
// ------------------------------------------------------------
// NewApplication()
// Constructs CHalloWeltApp
// Returns: created application object
// ------------------------------------------------------------
//
EXPORT_C CApaApplication* NewApplication()
    {
    return new CHalloWeltApp;
    }

// ------------------------------------------------------------
// E32Dll(TDllReason)
// Entry point function for EPOC Apps
// Returns: KErrNone: No error
// ------------------------------------------------------------
//
GLDEF_C TInt E32Dll( TDllReason )
    {
    return KErrNone;
    }

// End of File
```

Listing 4 ChalloWeltAppUi.cpp

```
/*
*
================================================================
*  Name       : CHalloWeltAppUi from HalloWeltAppUi.cpp
*  Part of    : HalloWelt
*  Created    : 01.06.2003 by Ansgar Gerlicher
*  Implementation notes:
*      Initia18:02 30.07.051
*      content was generated by Series 60 AppWizard.
*  Version    :
*  Copyright: Ansgar Gerlicher 2003
*
================================================================
*/

// INCLUDE FILES
#include "HalloWeltAppUi.h"
#include "HalloWeltContainer.h"
#include <HalloWelt.rsg>
#include "hallowelt.hrh"

#include <avkon.hrh>

// ================= MEMBER FUNCTIONS //
// ------------------------------------------------------------
// CHalloWeltAppUi::ConstructL()
// ?implementation_description
// ------------------------------------------------------------
//
void CHalloWeltAppUi::ConstructL()
    {
    BaseConstructL();
    iAppContainer = new (ELeave) CHalloWeltContainer;
    iAppContainer->SetMopParent(this);
    iAppContainer->ConstructL( ClientRect() );
    AddToStackL( iAppContainer );
    }
```

```
// -----------------------------------------------------
// CHalloWeltAppUi::~CHalloWeltAppUi()
// Destructor
// Frees reserved resources
// -----------------------------------------------------
//
CHalloWeltAppUi::~CHalloWeltAppUi()
    {
    if (iAppContainer)
        {
        RemoveFromStack( iAppContainer );
        delete iAppContainer;
        }
    }

// -----------------------------------------------------------
// CHalloWeltAppUi::::DynInitMenuPaneL(TInt aResour-
ceId,CEikMenuPane* aMenuPane)
//   This function is called by the EIKON framework just
before it displays
//   a menu pane. Its default implementation is empty, and
by overriding it,
//   the application can set the state of menu items dynami-
cally according
//   to the state of application data.
// -----------------------------------------------------------
//
void CHalloWeltAppUi::DynInitMenuPaneL(
    TInt /*aResourceId*/,CEikMenuPane* /*aMenuPane*/)
    {
    }

// -----------------------------------------------------
// CHalloWeltAppUi::HandleKeyEventL(
//       const TKeyEvent& aKeyEvent,TEventCode /*aType*/)
// ?implementation_description
// -----------------------------------------------------
//
TKeyResponse CHalloWeltAppUi::HandleKeyEventL(
    const TKeyEvent& /*aKeyEvent*/,TEventCode /*aType*/)
    {
    return EKeyWasNotConsumed;
    }

// -----------------------------------------------------
// CHalloWeltAppUi::HandleCommandL(TInt aCommand)
// ?implementation_description
// -----------------------------------------------------
//

void CHalloWeltAppUi::HandleCommandL(TInt aCommand)
    {
    switch ( aCommand )
        {
        case EAknSoftkeyBack:
        case EEikCmdExit:
            {
            Exit();
            break;
            }
        case EHalloWeltCmdAppTest:
            {
            iEikonEnv->InfoMsg(_L("test"));
            break;
            }
        // TODO: Add Your command handling code here

        default:
            break;
        }   }// End of File
```

Listing 5 ChalloWeltContainer.cpp

```
/*
 *
 ===============================================================
 * Name      : CHalloWeltContainer from HalloWeltContainer.h
 * Part of   : HalloWelt
 * Created   : 01.06.2003 by Ansgar Gerlicher
 * Implementation notes:
 *    Initial content was generated by Series 60 AppWizard.
 * Version   :
 * Copyright: Ansgar Gerlicher 2003
 *
 ===============================================================
 */

// INCLUDE FILES
#include "HalloWeltContainer.h"
#include <HalloWelt.rsg>

#include <eikenv.h> // Access to the CEikonEnv class
#include <eiklabel.h>  // for example label control

// ================= MEMBER FUNCTIONS

// ----------------------------------------------------------
// CHalloWeltContainer::ConstructL(const TRect& aRect)
// EPOC two phased constructor
// ----------------------------------------------------------
//
void CHalloWeltContainer::ConstructL(const TRect& aRect)
    {
    CreateWindowL();

    iLabel = new (ELeave) CEikLabel;
    iLabel->SetContainerWindowL( *this );
// load a string from the resource file and display it
    TBuf<64> iNote;
    CEikonEnv::Static()->ReadResource(iNote,
R_EXAMPLE_TEXT_HALLO);

    iLabel->SetTextL(iNote );

    TBuf<64> iText;
    CEikonEnv::Static()->ReadResource(iText,
R_EXAMPLE_TEXT_LADEN);

    iToDoLabel = new (ELeave) CEikLabel;
    iToDoLabel->SetContainerWindowL( *this );
    iToDoLabel->SetTextL( iText );

    SetRect(aRect);
    ActivateL();
    }

// Destructor
CHalloWeltContainer::~CHalloWeltContainer()
    {
    delete iLabel;
    delete iToDoLabel;
    }

// ----------------------------------------------------------
// CHalloWeltContainer::SizeChanged()
// Called by framework when the view size is changed
// ----------------------------------------------------------
//
void CHalloWeltContainer::SizeChanged()
    {
    // TODO: Add here control resize code etc.
```

```
    iLabel->SetExtent( TPoint(10,10), iLabel-
>MinimumSize() );
    iToDoLabel->SetExtent( TPoint(10,100), iToDoLabel-
>MinimumSize() );
    }

// ----------------------------------------------------------
// CHalloWeltContainer::CountComponentControls() const
// ----------------------------------------------------------
//
TInt CHalloWeltContainer::CountComponentControls() const
    {
    return 2; // return nbr of controls inside this contai-
ner
    }

// ----------------------------------------------------------
// CHalloWeltContainer::ComponentControl(TInt aIndex) const
// ----------------------------------------------------------
//
CCoeControl* CHalloWeltContainer::ComponentControl(TInt
aIndex) const
    {
    switch ( aIndex )
        {
        case 0:
            return iLabel;
        case 1:
            return iToDoLabel;
        default:
            return NULL;
        }
    }

// ----------------------------------------------------------
// CHalloWeltContainer::Draw(const TRect& aRect) const
// ----------------------------------------------------------
//
void CHalloWeltContainer::Draw(const TRect& aRect) const
    {
    CWindowGc& gc = SystemGc();
    // TODO: Add your drawing code here
    // example code...
    gc.SetPenStyle(CGraphicsContext::ENullPen);
    gc.SetBrushColor(KRgbGray);
    gc.SetBrushStyle(CGraphicsContext::ESolidBrush);
    gc.DrawRect(aRect);
    }

// ----------------------------------------------------------
// CHalloWeltContainer::HandleControlEventL(
//      CCoeControl* aControl,TCoeEvent aEventType)
// ----------------------------------------------------------
//
void CHalloWeltContainer::HandleControlEventL(
    CCoeControl* /*aControl*/,TCoeEvent /*aEventType*/)
    {
    // TODO: Add your control event handler code here
    }

// End of File
```

Listing 6 ChalloWeltDocument.cpp

```
/*
*
==============================================================
*   Name      : CHalloWeltDocument from HalloWeltDocument.h
*   Part of   : HalloWelt
*   Created   : 01.06.2003 by Ansgar Gerlicher
*   Implementation notes:
*      Initial content was generated by Series 60 AppWizard.
*   Version   :
*   Copyright : Ansgar Gerlicher 2003
*
==============================================================
*/

// INCLUDE FILES
#include "HalloWeltDocument.h"
#include "HalloWeltAppUi.h"

// ================= MEMBER FUNCTIONS

// constructor
CHalloWeltDocument::CHalloWeltDocument(CEikApplication&
aApp)
: CAknDocument(aApp)
    {
    }

// destructor
CHalloWeltDocument::~CHalloWeltDocument()
    {
    }

// EPOC default constructor can leave.
void CHalloWeltDocument::ConstructL()
    {

    }

// Two-phased constructor.
CHalloWeltDocument* CHalloWeltDocument::NewL(
        CEikApplication& aApp)  // CHalloWeltApp reference
    {
    CHalloWeltDocument* self = new (ELeave) CHalloWeltDocu-
ment( aApp );
    CleanupStack::PushL( self );
    self->ConstructL();
    CleanupStack::Pop();

    return self;
    }
// --------------------------------------------------------
// CHalloWeltDocument::CreateAppUiL()
// constructs CHalloWeltAppUi
// --------------------------------------------------------
//
CEikAppUi* CHalloWeltDocument::CreateAppUiL()
    {
    return new (ELeave) CHalloWeltAppUi;
    }

// End of File
```

Listing 7 Hallowelt.hrh

```
/*
 *
 ==============================================================
 *  Name      : HalloWelt resource header file hallowelt.hrh
 *  Part of   : HalloWelt
 *  Created   : 01.06.2003 by Ansgar Gerlicher
 *  Description:
 *  This file contains declarations for constants of
 *      HalloWelt.
 *   The file can be included in C++ or resource file.
 *   Initial content was generated by Series 60 AppWizard.
 *  Version   :
 *  Copyright: Netads 2003
 *
 ==============================================================
 */

#ifndef HALLOWELT_HRH
#define HALLOWELT_HRH

enum THalloWeltCommandIds
    {
    EHalloWeltCmdAppTest = 1
    };

#endif       //
```

Listing 8 Hallowelt.loc

```
/*
 *
 ==============================================================
 *  Name      : hallowelt.loc
 *  Part of   : HalloWelt
 *  Created   : 01.06.2003 by Ansgar Gerlicher
 *  Description:
 *      This is a localisation file for HalloWelt
 *      A .loc file is the one and only place where the logi-
cal strings
 *      to be localised are defined.
 *      Initial content was generated by Series 60 AppWizard.
 *  -----------------------------------------------------------
 *  Version   :
 *  Copyright: Netads 2003
 *
 ==============================================================
 */

// LOCALISATION STRINGS

//d:Command in options menu.
//d:Example application spesific command.
//l:list_single_popup_submenu_pane_1
//
#define qtn_appl_option_item "<App spesific menu item>"


// example caption strings for app
#define qtn_app_caption_string "HalloWelt"

#define qtn_app_short_caption_string "HalloWelt"


// End of File
```

Listing 9 HalloWeltApp.h

```
/*
*
============================================================
* Name      : CHalloWeltApp from HalloWeltApp.h
* Part of   : HalloWelt
* Created   : 01.06.2003 by Ansgar Gerlicher
* Description:
*     Declares main application class.
* Version   :
* Copyright: Ansgar Gerlicher 2003
*
============================================================
*/

#ifndef HALLOWELTAPP_H
#define HALLOWELTAPP_H

// INCLUDES
#include <aknapp.h>

// CONSTANTS
// UID of the application
const TUid KUidHalloWelt = { 0x0C1CA01F };

// CLASS DECLARATION

/**
* CHalloWeltApp application class.
* Provides factory to create concrete document object.
*
*/
class CHalloWeltApp : public CAknApplication
    {

    public: // Functions from base classes
    private:

        /**
        * From CApaApplication, creates CHalloWeltDocument
document object.
        * @return A pointer to the created document object.
        */
        CApaDocument* CreateDocumentL();

        /**
        * From CApaApplication, returns application's UID
(KUidHalloWelt).
        * @return The value of KUidHalloWelt.
        */
        TUid AppDllUid() const;
    };

#endif

// End of File
```

Listing 10 HalloWeltAppUi.h

```
/*
*
==============================================================
*    Name      : CHalloWeltAppUi from HalloWeltAppUi.h
*    Part of   : HalloWelt
*    Created   : 01.06.2003 by Ansgar Gerlicher
*    Description:
*       Declares UI class for application.
*    Version   :
*    Copyright: Ansgar Gerlicher 2003
*
==============================================================
*/

#ifndef HALLOWELTAPPUI_H
#define HALLOWELTAPPUI_H

// INCLUDES
#include <eikapp.h>
#include <eikdoc.h>
#include <e32std.h>
#include <coeccntx.h>
#include <aknappui.h>

// FORWARD DECLARATIONS
class CHalloWeltContainer;


// CONSTANTS
//const ?type ?constant_var = ?constant;


// CLASS DECLARATION

/**
* Application UI class.
* Provides support for the following features:
* - EIKON control architecture
*
*/
class CHalloWeltAppUi : public CAknAppUi
    {
    public: // // Constructors and destructor

        /**
        * EPOC default constructor.
        */
        void ConstructL();

        /**
        * Destructor.
        */
        ~CHalloWeltAppUi();

    public: // New functions

    public: // Functions from base classes

    private:
        // From MEikMenuObserver
        void DynInitMenuPaneL(TInt aResour-
ceId,CEikMenuPane* aMenuPane);

    private:
        /**
        * From CEikAppUi, takes care of command handling.
        * @param aCommand command to be handled
        */
        void HandleCommandL(TInt aCommand);
```

```
        /**
        * From CEikAppUi, handles key events.
        * @param aKeyEvent Event to handled.
        * @param aType Type of the key event.
        * @return Response code (EKeyWasConsumed, EKeyWas-
NotConsumed).
        */
        virtual TKeyResponse HandleKeyEventL(
            const TKeyEvent& aKeyEvent,TEventCode aType);

    private: //Data
        CHalloWeltContainer* iAppContainer;
    };

#endif

// End of File
```

Listing 11 HalloWeltContainer.h

```
/*
*
==============================================================
* Name      : CHalloWeltContainer from HalloWeltContainer.h
* Part of   : HalloWelt
* Created   : 01.06.2003 by Ansgar Gerlicher
* Description:
*     Declares container control for application.
* Version   :
* Copyright: Ansgar Gerlicher 2003
*
==============================================================
*/

#ifndef HALLOWELTCONTAINER_H
#define HALLOWELTCONTAINER_H

// INCLUDES
#include <coecntrl.h>

// FORWARD DECLARATIONS
class CEikLabel;         // for example labels

// CLASS DECLARATION

/**
*  CHalloWeltContainer  container control class.
*
*/
class CHalloWeltContainer : public CCoeControl, MCoeContro-
lObserver
    {
    public: // Constructors and destructor

        /**
        * EPOC default constructor.
        * @param aRect Frame rectangle for container.
        */
        void ConstructL(const TRect& aRect);

        /**
        * Destructor.
        */
        ~CHalloWeltContainer();

    public: // New functions

    public: // Functions from base classes
```

```
    private: // Functions from base classes

        /**
         * From CoeControl,SizeChanged.
         */
        void SizeChanged();

        /**
         * From CoeControl,CountComponentControls.
         */
        TInt CountComponentControls() const;

        /**
         * From CCoeControl,ComponentControl.
         */
        CCoeControl* ComponentControl(TInt aIndex) const;

        /**
         * From CCoeControl,Draw.
         */
        void Draw(const TRect& aRect) const;

        /**
         * From ?base_class ?member_description
         */
        // event handling section
        // e.g Listbox events
        void HandleControlEventL(CCoeControl* a-
Control,TCoeEvent aEventType);

    private: //data

        CEikLabel* iLabel;              // example label
      CEikLabel* iToDoLabel;            // example label
    };

#endif

// End of File
```

Listing 12 HalloWeltDocument.h

```
/*
*
==============================================================
*   Name       : CHalloWeltDocument from HalloWeltDocument.h
*   Part of    : HalloWelt
*   Created    : 01.06.2003 by Ansgar Gerlicher
*   Description:
*     Declares document for application.
*   Version   :
*   Copyright: Ansgar Gerlicher 2003
*
==============================================================
*/

#ifndef HALLOWELTDOCUMENT_H
#define HALLOWELTDOCUMENT_H

// INCLUDES
#include <akndoc.h>

// CONSTANTS

// FORWARD DECLARATIONS
class  CEikAppUi;

// CLASS DECLARATION

/**
*  CHalloWeltDocument application class.
*/
class CHalloWeltDocument : public CAknDocument
    {
    public: // Constructors and destructor
        /**
        * Two-phased constructor.
        */
        static CHalloWeltDocument* NewL(CEikApplication&
aApp);

        /**
        * Destructor.
        */
        virtual ~CHalloWeltDocument();

    public: // New functions

    protected:  // New functions

    protected:  // Functions from base classes

    private:

        /**
        * EPOC default constructor.
        */
        CHalloWeltDocument(CEikApplication& aApp);
        void ConstructL();

    private:

        /**
        * From CEikDocument, create CHalloWeltAppUi "App
UI" object.
        */
        CEikAppUi* CreateAppUiL();
    };
#endif
// End of File
```

Ehrenwörtliche Erklärung

Ich versichere, die von mir vorgelegte Arbeit selbstständig verfasst zu haben. Alle Stellen, die wörtlich oder sinngemäß aus veröffentlichten oder nicht veröffentlichten Arbeiten anderer entnommen sind, habe ich als entnommen kenntlich gemacht. Sämtliche Quellen und Hilfsmittel, die ich für die Arbeit benutzt habe, sind angegeben. Die Arbeit hat mit gleichem Inhalt bzw. in wesentlichen Teilen noch keiner anderen Prüfungsbehörde vorgelegen.

_____   _____

Ort, Datum   Unterschrift

Wissensquellen gewinnbringend nutzen

Qualität, Praxisrelevanz und Aktualität zeichnen unsere Studien aus. Wir bieten Ihnen im Auftrag unserer Autorinnen und Autoren Diplom-, Magister- und Staatsexamensarbeiten, Master- und Bachelorarbeiten, Dissertationen, Habilitationen und andere wissenschaftliche Studien und Forschungsarbeiten zum Kauf an. Die Studien wurden an Universitäten, Fachhochschulen, Akademien oder vergleichbaren Institutionen im In- und Ausland verfasst. Der Notendurchschnitt liegt bei 1,5.

Wettbewerbsvorteile verschaffen – Vergleichen Sie den Preis unserer Studien mit den Honoraren externer Berater. Um dieses Wissen selbst zusammenzutragen, müssten Sie viel Zeit und Geld aufbringen.

http://www.diplom.de bietet Ihnen unser vollständiges Lieferprogramm mit mehreren tausend Studien im Internet. Neben dem Online-Katalog und der Online-Suchmaschine für Ihre Recherche steht Ihnen auch eine Online-Bestellfunktion zur Verfügung. Eine inhaltliche Zusammenfassung und ein Inhaltsverzeichnis zu jeder Studie sind im Internet einsehbar.

Individueller Service – Für Fragen und Anregungen stehen wir Ihnen gerne zur Verfügung. Wir freuen uns auf eine gute Zusammenarbeit.

Ihr Team der Diplomarbeiten Agentur

Diplomica GmbH
Hermannstal 119k
22119 Hamburg

Fon: 040 / 655 99 20
Fax: 040 / 655 99 222

agentur@diplom.de
www.diplom.de

www.ingramcontent.com/pod-product-compliance
Lightning Source LLC
La Vergne TN
LVHW092343060326
832902LV00008B/773